お金の哲学

学校や会社では教えてくれないこと

中島 薫

SB
サンマーク
文庫

文庫版　はじめに

欲しいものがあったり、したいことがあったり、あるいは事業をしている人なら、資金が必要だったりで、お金のことを考える機会は日々あると思います。

しかし、お金のことはよく考えるけれど、お金そのものについて考えるということは、実は私たちはあまりしないのではないかと思います。

それでは、お金に好かれません。

人間にたとえるとわかりやすいかと思います。

用事のあるときだけ電話をかけてきて、一方的に用件だけを言って切る人や、普段はとくに親しくもないのに何か頼み事があるときは近づいてきたり、それどころかこちらがお願い事のあるときには相談にも乗ってくれない人がいるとします。

あなたは、そんな人のことが好きでしょうか？

お金に好かれるためには、こちらもお金に対して敬意を払う必要があるのです。

おわかりだと思いますが、お金そのものが人を幸せにするわけではありません。

お金をどう使うか、それがいちばん大切なのです。

お金は、使い方によって幸せなお金になったり、不幸せなお金になったりします。

そして、幸せなお金は使う人を幸せにし、不幸せなお金は使う人を不幸せにします。

ということは、いくらお金を持っていても、不幸せな使い方しかできない人は、不幸せなお金ばかりを持っているということになります。そして、それではいつまでたっても幸せにはなれないということです。

あなたのお金は、幸せなお金ですか？　それとも、不幸せなお金でしょうか？

本書が、あなたの「幸せなお金」づくりの参考になれば幸いです。

二〇〇七年　夏

中島　薫

はじめに

テレビでよく見かける生命保険のCMがあります。テーマソングがあり、あるときは女性のタレントさんが歌い、あるときは子供が歌ったりします。

私はそれを聞くと、いつも何か不思議な気持ちになりました。その歌詞が、私の心のどこかに引っかかるのです。

それはこんな歌詞です。

「よーく考えよう　お金は大事だよー……」

これを聞くと、私の頭の中にはいつもたくさんの「?」マークが飛び交います。

だって、よく考えなくたって、お金って大事じゃないですか。

そう思いませんか?

そんなことを考えていたある日、サンマーク出版からまた「本を出版してください」という依頼がきました。担当編集者が私の家へやって来て、こう言いました。

「薫さん、今回はお金をテーマにして本を作りましょう」

そこで私は、気になっていたその保険のＣＭについて、彼女に聞いてみました。彼女も、「そう言われてみればそうですねえ。たしかに、よく考えなくてもお金は大事ですよね」と言いました。

それで私は、お金がテーマの本というのはいいかもしれないと思い、依頼をＯＫしました。

ただし、お金の本といっても、「こうすれば儲《もう》かる」という具体的な方法について書いてある本は巷《ちまた》にもうあふれています。それに、私はたしかに世間一般の収入の感覚からすれば、億万長者と言ってもいいのですが、だからといって私のビジネスのやり方をみなさんがそのまま真似したところで、私と同じような形で収入を得るのはたぶん難しいと思います。

これはけっしてうぬぼれて言っているわけでも、もったいぶって言っているわけでもありません。私のビジネスは誰でもできるビジネスですが、どうやって成功するかというのはその人にしかわからないし、その人に合った成功の仕方でしか成功できないからです。ということは、人によっては私よりも短い期間で、私よりも高い収入を得ることも可能だということです。

ですから、私のお金の本は、うわべだけの稼ぎ方の模倣本ではなく、もっと根本的なことをみなさんにお伝えする本にしようと思いました。

それは、お金の本質や、お金の哲学といったものです。

冒頭に紹介したあのCMのテーマソングの歌詞を、あなたはどう受け止めたでしょうか。私と同じように考えましたか、それともまったく違うことを考えましたか。あるいは、よくわからないという人もいたでしょうか。

私が思うに、きちんと「これはこういうことなんじゃないかと思いました」と答えられる人は少ないのではないでしょうか。それくらい、私たちは実はお金というものに関しての考え方が普段からあいまいなのです。

しかし、お金に関するスタンスや考え方があいまいなままでは、お金を稼ぐことも儲けることもなかなか難しいと言えます。

つまり、お金オンチではだめだということです。

お金を稼ごう、自分が望む収入を手にしようと思うなら、自分なりのお金に関する哲学というものがなければ無理です。それがないために、せっかくセンスはあるのに、本来は取れるはずの収入が取れていない人のなんと多いことでしょうか。もったいないことです。

ですから私は、お金に関する基本的かつ根本的な考え方と、それを応用して自分なりのお金の哲学を身につける方法をみなさんに学んでいただきたい、そう思ったのです。

私は日本でいわゆる「お金持ち」と言われるような方々にたくさん知り合いがいますが、ビジネスで世界中を回っているので、いろいろな国のいろいろな種類の

「お金持ち」の知人・友人もたくさんいます。行った先々でも、さまざまな「お金持ち」を目にしてきました。実業家、政治家、一流アーティストや世界レベルのアスリート、それに王族や貴族まで。それらの人々を見て思ったことや感じたことの中から、みなさんのお金のセンスを磨くのに役立ちそうなヒントをこの本では紹介していきたいと思います。

「こうすればお金がたまります」というノウハウよりも、「お金の哲学」というようなものをお伝えできればいいなと思っています。

この本があなたを「すべてが豊かな人生への道」へと連れていってくれることを願ってやみません。

中島　薫

お金の哲学　目次

1章 お金に学ぶ
【あなたにとってお金とは何ですか?】

2章

お金に目覚める

【あなたの「お金が欲しい理由」は何ですか？】

3章 お金に向き合う

【あなたは本当にお金を理解していますか？】

4章 お金に親しむ

【あなたはお金と相思相愛ですか?】

1章

お金に学ぶ

あなたにとってお金とは何ですか？

お金の不思議

お金というものは、考えれば考えるほど不思議なものです。

あなたは、お金とは平等なものだと思いますか、それとも不平等なものだと思いますか。

私は**基本的には平等**だと思います。ただ、表面的に不平等になったりすることもあると思います。

たとえば、収入というのは人によってばらばらですね。それを不平等と思う人もいるかもしれませんが、私はこれは平等だと思います。誰でも同じように、というのは実は不平等だと思うのです。ですから不平等なことが平等になっているというわけなのです。

たとえば、朝、会社の朝礼でアルバイトの人たちに「今日も一日、がんばって働いてくださいね」と言ったとします。それである人は夕方の四時に帰ってしまい、ある人は夜中の一一時まで働いたとしたら、ここでもらえるお金に差がつくのは当たり前ですね。それを「アルバイトの方は全員、一日一律六〇〇〇円です」と言ったら不平等になります。ですから、不平等が平等ということもあるのです。

それから、お金というものは、男女の別とか大人と子供の違いとかがなく、誰でも同じように使えるという点では、平等と言えば平等です。そう考えると、**お金というもの自体は平等だけど、それが何かいろいろな不平等をたくさん生む**のがまた不思議です。

お金の価値というのも、実は一定ではなかったりします。

たとえばいまここに、五〇〇円玉と一万円札とがあったとします。「どちらか好きなほうを差し上げます。どちらがいいですか?」と聞かれたら、たいていの人は「一万円札がいい」と言うと思います。

でも、砂漠の中にジュースの自動販売機があって、それが硬貨しか受け付けないという場合はどうでしょうか。五〇〇円玉があれば飲み物は買えますが、一万円札では買えませんよね。「電車の切符の販売機だったら一万円札も使える」とか「自動販売機を叩《たた》き壊してでも飲み物は手に入れる」とか、そういう話はちょっとこちらへ置いておくとして。とりあえずここでは、一万円札しか持っていない人は**「私はお金は持っているんです」といくら言ってもしかたがない**わけです。

そう考えたとき、五〇〇円玉が一万円札に勝ってしまいます。これも何か不思議です。一万円札がただの紙きれになってしまう瞬間です。

このように考えると、お金はそのものに価値があるわけではないのかもしれない、ということに気がつきます。あの紙きれに依存していてはだめだということです。紙きれは紙きれ、そのくらいの認識がもてるようでないと、すぐにまたお金に振り回されます。

私もこれと似たような経験をしたことがあります。

だいぶ前に、旅行でギリシャへ行きました。ロードス島やミコノス島をはじめ、小さな島もたくさん回りました。そのうちのとある島でお土産もの屋さんへ寄ったとき、私はホテルへ戻ってから友人へ宛《あ》てて出そうと思い、ポストカードを何枚か買おうと思いました。

いまはギリシャの通貨単位はユーロに変わりましたが、当時はドラクマという単位で、日本円に換算して一ドラクマが二円とか三円とかだったような気がします。私が買おうとしたポストカードの金額は二〇〇ドラクマかそのくらいだったと思います。そのとき私は小銭を持っていなくて、お札しか持っていませんでした。するとそのお土産もの屋のおじさんは、「そのお札では高額すぎるのでお釣りが足りないからだめだ」と言うのです。しかたがないので、じゃあカードで払うと言ったら、「カードは受け付けていない」と言うのです。

そのとき私が持っていたのはアメックスのプラチナカードだったと思います。使用限度額のないカードも、十分な現金も持っていたのに、硬貨を持っていなかったために日本円で五、六〇〇円程度のポストカードが買えなかったのです。

そのときは小銭をつくるためにほかのお土産ものをたくさん買い、そのお釣りでポストカードを買いました。

このことがあって以来、私はお金の価値についてよく考えるようになりました。もちろん、硬貨をいつも多少は用意しておくのを忘れないようにもなりました。

日本でも、たとえばタクシーに乗ったときなど、近距離で一万円札を出して運転手さんにいやな顔をされることがあります。「お客さん、お釣りがないんですよ。細かいのはないんですか」と。あったら初めから出しているのですが、それにしてもお金を持っているのに怒られるというのは腑《ふ》におちません。そう考えると、お金というものはますます不思議です。永遠に謎《なぞ》のテーマかもしれません。

このように、**お金があっても困ることはあるのですが、なくて困ることはもちろんそれよりもたくさんあります。**予算がないために中止になったプロジェクトがあったり、もっと深刻な問題では、お金が足りないことから犯罪が起きたりとか。

お金のことでもうひとつ思い出しました。お金が足りないために大変なことになっている人を見たことがあったのです。

だいぶ前のことですが、出張で福岡に行ったときに、帰りに私が乗ることになっていた羽田行きの便が満席になっていました。私は前もって往復のスーパーシートを予約してチケットも持っていたので問題はなかったのですが、ほかの人は大問題だったのです。

私がチェックインのためにカウンターに並んでいたときに、隣のカウンターで中年の女性が係の人に「この便はあいにくもう満席になっておりまして」と言われて、パニックになっていました。その女性は「東京にいる娘から緊急の電話がかかってきて、大至急、向こうへ行かないといけないんです」というようなことを言っていました。

「なんとかなりませんか、キャンセルは出ませんか」と半狂乱でした。私は自分のチケットを譲ってあげて、自分は次の便で帰ろうと思い、「よかったら私の席をお譲りしますが」とその女性に言おうと思った瞬間、なんという偶然か、パソコンの画面をあれこれチェックしていた係の人が「お客様、たったいま、スーパーシートに一席キャンセルが出ました」と言ったのです。

私は、「よかった、神様っているんだ」と思い、自分の番がきたのでチェックインの手続きに移りました。

するとその女性は「スーパーシートって何ですか」と聞いたのですが、係の人が説明をして、それに乗るにはエコノミー席よりもお金を余分に払わなければいけないということがわかったとたん、なんと「じゃあ、その席はいりません」と言ったのです！

片道四〇〇〇円かそのくらいの金額です。娘からの緊急の電話で、いますぐどうしても東京に行かなければいけないというときに、やっとあいたスーパーシートのエコノミー席との差額を払うのがいやであきらめるということがあるなんて。私は驚いてしまいました。

あともう少しで、「私がその四〇〇〇円を払ってあげましょう」と言いそうになりました。もちろん何の面識もない赤の他人ですが、そんな大変な事情があるときに四〇〇〇円のために娘さんの緊急事態に間に合わなかったらおおごとではないですか。たまたま隣に並んでいたのも何かの縁ということで、おせっかいですが私が払ってしまおうか、と一瞬ですが考えたのです。

でも、やめました。変な下心があると思われてもいやですし、やっぱり変な話ですから。

私が持っていたのがエコノミー席のチケットだったら、それを譲ってあげて私がそのキャンセルになったスーパーシートに座るということで問題はなかったのでしょうけれど。

娘の緊急事態にどうしても会いに行かないといけないと思ったら、「花も嵐《あらし》も踏み越えて」ではないですが、お金が足りなかったら借りてでもチケット代を用意するのが普通の親ごさんではないかと思うのですが、本当に不思議です。

私はそのときに、お金が足りないというのが本当の理由だったのだろうか、それとも何かほかに別の理由でもあったのかと、いろいろ考えてしまいました。だって、飛行機に乗るために空港に来て、いまチケットを買うというときにエコノミーの料金ぶんしかお財布にないというのもまた妙な話ですよね。

このように、お金は不思議なものであるとともに、不思議な現象をも生むのです。

お金がお金ではなくなるとき

ではお金はあればあるほどいいかというと、そういうわけでもないと思います。

まず、どんなに稼いでためて、資産が何十億円、何百億円となったとしても、**生**

きているうちに使いきれなかったら無駄な紙きれです。よく言うように、「あの世までは持っていけない」のですから。それでも、自分の手元にタンス預金でもしていれば紙きれとして実感もできるかもしれませんが、**銀行に何億も預けていたとしても、それは通帳の上のゼロの数**としか認識できないのではないでしょうか。

私はお金をたくさん持っている知り合いもいますが、そういう人と取り引きがあったりお付き合いがあったりして、お金持ちの実態に詳しい知り合いもたくさんいます。

その中に、お金持ちの顧客をたくさん抱えるある資産コンサルタント会社の社長さんがいます。彼から聞いた話なのですが、お金持ちの人というのは、どんどんお金がたまってくると、やはり**お金に少しマヒしてくる**印象があるそうです。

お金はもう一生働かなくてもお釣りがくるくらいあるし、自分も別にこれ以上お金が欲しいというわけでもないのだけれど、お金を儲《もう》けることがやめられないのだそうです。そういう人たちにとっては、お金をいくら儲けられるかというのは、もはやゲームみたいになっているようなのです。

日々の生活で倹約や節約を強いられている一般市民の立場からすると、「ふざけるな」という感じでしょうけれど、こういう人もいるというのは、まぎれもない事実なのです。

しかし、ここが大切なのですが、こういう人たちをうらやむ必要も実はないのかもしれない、ということです。

私は、自分がいくらお金を儲けられるかということをゲームのようにしか感じられないというのは、悲しいことなのではないかと思うのです。だって、**自分の力で手に入れた収入に喜びがなかったら、つまらない**じゃないですか。

もっと驚く話をこの社長さんから聞きました。ある資産家の話です。この人は資産が五〇〇億円くらいあったそうなのですが、やはり自分のお金をふやすことをゲームのように考えていて、あるとき、とある投資に二〇〇億円くらいつぎ込んだのだそうです。そうしたら、それが失敗して、その二〇〇億円はパーになってしまったのだそうです。それでその人はどうしたと思いますか？　投資をやめて別の儲け話にお金を回したでしょうか、それともその損失を取り返そうと、別の、もっとハイリスクだけどハイリターンのものにお金を出したのでしょうか。あるいは、お金をそれ以上ふやすことをやめて、残りの三〇〇億円で悠々自適に暮らしたのでしょうか。

どれも違います。なんと、その人は自殺してしまったのです。二〇〇億円を失ってしまったことに耐えきれなかったのだそうです。

「だって、まだ三〇〇億円も残っているじゃない」というのはこちらの考えであって、その人には「二〇〇億円失った」、つまり「ゲームに負けた」というのは、受け入れがたい事実だったわけです。

三〇〇億円あったら、そのまま遊んで暮らしてもいいし、それを元手にして二〇〇億円の損失を取り戻すことも可能でしょう。でも、その人にはそんなことはどうでもよかった。その人には、残った三〇〇億円より、失った二〇〇億円のほうが大きかったのです。

こうなると、もうその人にとっては自分の財産はお金ではなくなってしまっていたのでしょう。何か別のものになっていたのです。

人の幸せというのはお金では測れないという、いい教訓です。それも、お金があっても必ずしも幸せではないという、両方の意味で。

お金がないために不幸になる人もいれば、お金があったために不幸になる人もいる。ひとつ言えることは、**お金は自分を幸せにするための道具のひとつ**なのですから、**お金のために自分が不幸になどなってはいけない**、ということです。

「お金がなくても幸福に生きられる」の本当の意味

「お金がなくても幸福に生きられる」というフレーズがあったときに、それに対してあなたはどう思いますか。

「私はなくても生きられる」という方も、もしかしたらいるかもしれません。しかし、それはよく考えてみると、「お金が一円もなくても生きられる」ということではないと思うのです。

人によってどこからが「ある」と「ない」との境目かは違うと思います。

たとえば、年収が三〇〇万円の人がいて、そのお金で十分満足して暮らしているのだとしたら、その人にとっては「お金が（三〇〇万円以上）なくても幸福に生きられる」ということになります。

つまり、「お金は自分が必要なだけあれば、それ以上なくても幸福に生きられる」というのが、「お金がなくても幸福に生きられる」の正確なところなのではないでしょうか。

日本にいる以上、お金がまったくなかったら、たぶん生きられないと思います。何もかもが自給自足ですむような南の島にでもいればまた話は別かもしれませんが、日本にいれば基本的に税金や年金保険料や、そのほか公共料金なども払わなければいけないし、毎日食べていかなければいけないし、着る物も成長にしたがって必要ですし、家族がふえれば広い家もいるでしょう。環境でも生活でも自分自身でも、何かが変わればお金もかかるということです。

この**「お金がなくても」というのはとてもあいまいな言葉**です。というのは、読む人によって、たとえば「四〇〇万円なくても私は平気」という人もいれば、「一〇〇〇万円なければだめ」という人もいるでしょう。人によってお金がかからない職業や、お金を必要としない職業もあるでしょうし。

「お金がなくても」というのは、どの程度の金額のことを言っているのかがあまりにも漠然としています。

それに、お金がまったくないのに幸福に生きられるというのは、私には何かきれいごとのように思えます。お金が「それほどなくても」とか、「ちょっと足りなくても」とか、もっとお金に関しては表現を広げないといけません。

そういういろいろな背景を理解したうえで、お金については語られないといけないのです。

お金が足りないということは、生き方の努力が足りないということ

以前、知人が「お金がないなあ。お金がないと何もできないよね」と言っていた

のを聞いたことがありました。私に言わせれば、そんなことは当たり前です。**問題は「お金があるかないか」ではなく、「じゃ、あなたはなぜお金がないの」と聞かれたときに、その理由を答えられるかどうか**なのです。

私はその人にこの質問をしてみました。するとその人はびっくりして、「えっ、どうしてって言われても……」と、黙り込んでしまいました。

私はこの人がいま、お金が足りないと言っていることを責めているわけではありません。お金がない理由を答えられずに、ただ「お金がない」とこぼしていることがよくないと言っているのです。

そして、普段から「お金がない」とよく言っている人は、「なぜお金がないのか」という質問にはっきりと「こういう理由でお金がない」と答えられない人だと思います。答えられる人は、もうとっくの昔に、お金を得るための作業に入っているからです。

たとえば、あなたがスーパーのレジ係として働いているとしましょう。風邪をひいて一週間休んだら、そのぶんのお金はもらえませんよね。そうしておいて、「今月お金がないのよ」と言ったときに「どうして?」と聞かれたら、「だって、風邪で一週間休んだから」と言うことができます。それがなくて、「うーん、どうしてかよくわからないんだけど、お金がないのよ」などと言ったりしたらどうでしょうか。こういうのはいちばん危ないと思います。何かわからずにお金を使っているということですから、無意味なお金の使い方をしているのです。

「お給料が少ないから」と言える人は、少ないとはいえ一応、定期的に入ってくるわけですよね。少ないということを知っていて、それで足りないということは、それなりの**生き方の努力が足りない**ということでしょう。

なぜなら、お金というものは努力によって数字が移動するものなのですから。

努力というのは、職場で能力を発揮する努力とか、チャンスを探す努力とか、そういったすべての努力のことであって、けっして「お金を稼ぐ」という行為そのものの努力だけではありません。

厳しい言い方かもしれませんが、ここで**「いままでの自分は手ぬるかったです」と確認する、一種の幸せな時間**を私は読者のみなさんに差し上げたいと思うのです。

原因がわかるということはいちばん重要なことです。それは幸せなことなのです。

自分のいまの状況や立場や位置がわかるということは、とてもいいことです。ですから、**自分がいままでお金に対してきちんと努力していなかったということに気づくのも、ひとつの幸せ**なのです。それを気づかずに、ただ他人をうらやんでばかりいる人が多いのです。

「どうしてももっと収入を上げたい」「どうしてももっとお金を手にしたい」という、「どうしても」の人は、理屈ぬきにもうすでになんらかの努力やアクションを起こしていると思います。

「どうしていいかわからない」というのは甘えだと思います。それはまだ、本当に大変なことが起きていないのだと思います。本当に大変な状態の人は、余計なことを考えている暇はないのですから。

私はこれまで、実はそれほど大変でもないのに「お金がない、困ったな」と困ったふりをして、しかしその状況をよくするために何かをするわけでもない人をたくさん見てきました。逆に危機的な状況を自分で認識し、それをなんとかするためにがんばって、ピンチから逃れた人もたくさん見てきました。そういう努力をした人はみな、のちにお金を稼いでいます。それに、「お金がないと何もできない」と言う人は、たぶんお金があっても何もしないのではないかと思います。

たとえば家が火事になったとしましょう。そんなときは、とにかくもう早くどうにかして火を消すのが先決で、「どうしたら火が消えるか」とか、「なぜ火事になったか」と考えている場合ではないでしょう。それと同じことなのです。

ですから、**考える余裕がまだある人はどん底ではない**ということです。ということは、よく考えればまだまだ挽回《ばんかい》もできるということなのです。この本で、お金について学び、お金を呼び込んでほしいと思います。

私がいつも社員や友人に言うことなのですが、「何かを実現させるためには何かをしなければいけない」ということです。「こうなったらいいな」と思ったり言ったりしているだけではだめで、そうなるためには何かをする必要があるのです。

誰だって道でタクシーを止めようと思ったら、手を上げますよね。そうしなければ止まらないからです。それを**「どうかタクシーが止まりますように」と心の中で**

祈っていても、タクシーは絶対に止まりません。それと同じことなのです。

タクシーを止めるために手を上げるくらいの気持ちで、いますぐ行動を起こしましょう。

「お金の勉強」は学校や家庭できちんと教えるべき

日本でも、子供には親や教師がお金について学ばせるべきだと思います。そうしないから**お金オンチでとんちんかんな大人に育つ人が多い**のです。

少し前にも、国会議員の方々を多数まき込んで大問題に発展した年金。あれもある意味、**「お金のうっかり」**ではないですか。あれほど不思議なものはありませんでした。

欧米では、子供にもお金の教育をきちんとします。授業で株式のことを学ばせる学校もあれば、一か月のお小遣いをノートにつけさせて、生徒の経済観念を養う学校もあります。家庭でもお小遣いは自分で働いて稼がせます。新聞配達をする子もいれば、近所の犬の散歩のアルバイトをする子、家のお手伝いをしてお小遣いをもらう子供もたくさんいます。

以前テレビの海外ニュースで、犬が欲しいという女の子がクッキーを自分で作って路上で売り、そのお金で犬を買ったというのを見ました。どこの国だったか忘れましたが、まだ小学生くらいの女の子でした。その子は親から「うちはそんなお金はないから犬は買えない」とストレートに言われて、自分で次の対策を考え、そして実行し、自分の欲しいものを手にしたのです。見上げた根性です。

これが日本だと、「子供の欲しいものはなるべく与えたい」というのと、「子供にお金がないなんて心配をさせたくない」ということで、親ごさんは「なんとしてでも買わなければ」と、犬を買ってあげることでしょう。でもそれは実は子供のためにはなっていないと思うのです。

欲しいものを何でも簡単に与えてしまうことは、**子供が欲しいものを自分で努力して手に入れる力を伸ばしてあげられない**し、それによって生まれる喜びや達成感というものも味わわせてあげられないからです。

それに私は、親が子供に「うちにはいまお金がない」ということを言うのはすごく素敵なことだと思いますし、子供も、「ああ、うちにはいまお金がないんだ」とわかったほうがいいと思います。

子供にもよりけりでしょうけれど、子供のほうも「ぜいたくをしてはいけない」とか、そこでコントロールする力を養うことができます。なければないなりになんとかしなければと工夫する知恵や、いい意味での我慢を学びます。たとえば、「じゃ、新しいゲームソフトは我慢しよう」でもいいでしょう。それがないと死ぬというわけではありませんから。そこで優先順位というものも知ります。

そういう**学校では習わないような力を養ってあげる義務が、親にはある**のです。学校ではそんなことはあまり教えてはくれません。

世の中にはお金持ちとそうでない人がいますが、そういう事実も教えてはくれませんし、どうすれば自分の能力を生かして欲しいものを手に入れることができるかというような、実践的なことも教えてはくれません。

クッキーを作って売ったその女の子は、自分でお金を稼ぐという、なんとも貴重な経験をしました。私は、**「この子はもう成功している」**と思いました。将来、何をやっても成功できます。自分が望むものを手に入れる方法をもう知ってしまったのですから。

親は基本的に、子供より先に死にます。そのとき、残された子供が自分で考え、行動して自分の望むものを手にして生きていけるように教育するのが、親の大切な役目です。

学校でいい成績を取るのももちろんいいことですが、自分の子供が社会に出たときにあらゆることに応用できる能力がついているかどうかを確認しないで、ただテストでいい点を取ったからといって安心しているのは、親として怠慢なのです。

そして、子供は親を見て育ちます。親の言うことは聞かないかもしれませんが、親のやることはよく見て、真似をします。ということは、自分の子供が将来ちゃんと仕事をして稼ぐことができるかどうか、そして豊かな人生を送れるかどうかは、まず親がお金に関するきちんとした考え方をもてるかどうかということにかかっているのです。

ですから、家でももっとオープンにお金の話をしたほうがいいのです。

私たちは普段、あまりお金の話はしません。もちろん、隣の家の奥さんに「奥様、貯金いくらおたまりになったんですか」とか「ご主人、昇給なさったんですって。いくら上がったんですか」とか聞くのはどうかと思いますが、そこまでいかなくても、ある程度お金の話はする癖をつけたほうがいいのです。隠すよりも表に出したほうがお金も回るものなのです。

お金の話なんて、と思うかもしれませんが、たとえば宝くじで「一等はいくらです」と提示しない宝くじがあっても誰も買いませんよね。それと同じで、公開しても差し支えのないことは出したほうがスッキリするということもあるのです。

スポーツでも賞金は出ます。あれが出なかったら怒る人や困る人もたくさんいます。賞金が出ないことで辞退する選手もいるでしょう。これだってお金の話です。

スポーツマンシップという観念からすると変だと思う人もいるかもしれませんが、プロの人は稼いでいくらです。アマチュアなら別ですが。

このように、**私たちはお金とは無縁ではいられない**のです。

中島薫流「お金の法則」

お金は誰にとっても必要なものですが、ご褒美をもらうために何かをするというよりも、何かをすることがまず先で、お金はそれに対するご褒美と考えたほうがいいと思います。鶏と卵とどっちが先か、みたいな話ですけれど。

たとえばなんとかして利益を上げようとするレストランと、サービスを一生懸命に考えているレストランがあるとしたら、私はサービスを一生懸命に考えているレストランのほうが、最後は儲かると思います。

ここが微妙なところです。企業はもちろん利益が第一優先ですが、だからといって**お金のことだけを考えて大成功した企業も人も存在しません。**

そのお金を自分たちのところへ運んできてくれる人、つまりお客様をいかに喜ばせたかに利益は左右されるのですから、やはり「はじめにサービスありき」です。そう思っていないと、結局、それはどこかお客様にわかってしまうと思います。

サービスももちろん大事とは知りながら、先に何か利益のところだけ見ているお店というのは、それによってどこかで絶対にサービスがおろそかになっていくものです。そんなお店が儲かるわけがありません。

「どうしたら売れるか」のところにすぐ結論をもっていってしまうお店というのは、どうしたらお客様が喜ぶかというプロセスをたまに忘れることがあります。そうすると、結局は流行《はや》らなくなっていきます。

レストランだけでなく、これはすべてについて言えることです。損得勘定など、**お金のことを先に考えて動くと、結局お金は遠ざかってしまう**のです。

お金のことを大事に思うのはいいのですが、優先順位の一番に考えると、そこで大事なものを見失ったりします。「お金はあとからついてくるもの」という認識を、いつも忘れてはいけません。

そして、そのついてくる量に関して言えば、私は**「努力に応じた報酬」というものが基本的な方程式**だと思います。それがお金の一番の理想です。もちろん、報酬というのはお金だけではなくそれ以外のものもありますが、ベーシックなものはお金です。

ここでたぶん、「私は努力しているけれども、報酬があまりこない」「一生懸命に仕事をしているけれど、なかなか収入がふえない」という人も出てくるかもしれません。そういう人には、こう答えましょう。

「あなたが一生懸命に仕事をしても儲からないのは、あなたが間違った仕事をしているせいではないですか」

人にはそれぞれ「天職」というものがあります。天職の定義はいたって簡単。「自分が好きな仕事で、うまくできるもの」です。

たとえば、生け花の假屋崎省吾さん。私が思うに、あの方は生け花の世界だからあんなに大成功できているけれど、これがたとえば自衛隊にいたとしたら、たぶんまったくだめだったのではないかと思います。

花を生けているからお金をもらえるけれども、自衛隊の仕事だったらそれほどうまくはいかないと思うのです。假屋崎さんはお花が好きで、しかもすばらしいお花の才能がある。天職をつかんだいい例ですが、これをみなさんもぜひ見習ってください。

ほかのことでものすごい才能があるのに、うっかり自分に合わない仕事を選んでしまうと、「能力がない」というレッテルを貼《は》られてしまいます。それは「（この仕事の）能力がない」なのですが、「すべてのことに対して能力がない」と見間違われてしまうので、人間性を否定されることにもなりかねません。それは危険です。

ですから、仕事選びは重要なのです。自分が好きで、なおかつ自分の能力が生かせる仕事は何なのかを見極めること。これはお金を稼ぐうえで基本的かつ大切なことなのです。

お金にもＴＰＯがある

最近は多少変わってきたかもしれませんが、お金の話というものをおおっぴらにするのはあまり好まれてはいませんでした。何かいやらしい感じがする、と言う人もいます。しかし、お金に関する話は、全部が全部そうではないということはわかりますね。

たとえば銀行の窓口で「この定期預金に、これくらいの金額を預けようと思うのですが」「そうしますと、ただいま利率がこのようになっておりますので、一年でこのくらい、五年でこのくらいの利子がついてこうなります」という会話があったとしても、どこも変な感じはしません。あるいは何かのお店に入って「これをくださいい」「七〇〇円です」、それで一〇〇〇円札を渡してお釣りを三〇〇円もらう。これもどこも変ではありません。それは、**お金のＴＰＯが合っている**からです。

そう、お金にもＴＰＯがあるのです。お金の話をするときに何か変な空気になるのは、このＴＰＯが合っていないからなのです。

たとえば、するべき場所ですれば問題がないお金の話を、違う場所や違うときにするとおかしくなります。

あるいは、違う人にしても話がかみ合いません。人によって、一〇〇〇万円単位の金額のほうがぴんとくる人と、一万円単位の金額のほうがぴんとくる人と、いろいろいるからです。

それから、場にそぐわない金額の話をするのもＴＰＯが合っていません。国会の予算審議で億や兆の単位で話が進むのは当然ですが、会社で隣の席の同僚に「一億円欲しいと思わないか」といきなり言っても、不思議な顔をされるだけでしょう。もちろんその同僚は一億円は欲しいかもしれませんが、普段の彼のＴＰＯには合わない金額ですから、何か不自然な空気になると思います。

このＴＰＯの見極め方というのは、本人のセンスに負うところが大きいのです。

このセンスを磨くのが、お金で恥をかかないためのコツのひとつです。

そういえば、私も最近、このＴＰＯをわきまえないで失敗したことがありました。

少し前、仕事でハワイに行きました。そこでＫＯＮＩＳＨＩＫＩさんから「うちでバーベキューをするので、ぜひいらしてください」と招待を受けたのです。

私は、手ぶらで行くのもどうかと思い、何か手土産を持っていこうと考えました。でも、何を持っていったらいいのか、ちょっと悩みました。日本で誰かのお宅に行くのなら、お菓子や果物でも持っていくところなのですが、ハワイでは果物はそこらへんにいくらでもありますし、ハワイに住んでいる人のお宅に海外から来た私が地元のお菓子を持っていくというのも、なんだかちょっと間が抜けています。

そこで私が考えたのは、KONISHIKIさんのお宅はどんなお宅なのかということでした。それで、彼の家へ行ったことのある人にどんなふうだったのかを聞きました。すると、すごく大きなお宅で、シンプルだけど素敵な造りで、ハワイでも日本でもテレビなどで何度も紹介されている家、ということでした。

それを聞いて私が勝手にイメージしたのが、私がいま住んでいるようなモダンでシンプルでコンテンポラリーな家でした。それなら、何かオブジェのようなものを持っていこうと考え、バーベキューのときにでも使ってもらえそうな、サラダボウルの素敵なものにしようと決めました。もしもサラダ用に使わなくても、そのままポンと飾っておいてもオブジェになるし、果物を入れて置いてもらってもいいようなものをと思い、お店に行って選びました。

とてもいいものが見つかって、私は安心してKONISHIKIさんの家へ行きました。

私たちが着いたときはもうバーベキューが始まっていました。その様子を見て、「しまった」と思いましたが、あとのまつりでした。

ＫＯＮＩＳＨＩＫＩさんの家はたしかに大きくて広くて素敵な家でしたが、イメージは完全に私の勝手な考えすぎで、私が想像していたのとは違いました。もっと開放的でオープンで、ハワイの風景にとけ込むような、日の光に満ちたあたたかい感じの家でした。サラダボウルも、私が持っていったようなメタリックで前衛的な、モダンアートのようなものよりも、たとえばあたたかみのある木製のものにするとかしたほうが、その場の雰囲気に合う感じでした。

広いお庭の芝生の上で、みんなで煙の中で好き勝手にわいわい楽しくバーベキューですから、ブランドもののオブジェのようなサラダボウルなんかを持っていくよりも、木製の大きなサラダボウルと、あとビールを三ケースぶんぐらい買って、「みんなで飲んでね」と言ったほうが、断然スマートでかっこよかったと思います。

ＴＰＯに合わないものを持っていってしまったわけです。

このように、お金もＴＰＯに合わないと、ちょっと気まずい妙なムードになってしまうのです。結婚式にＴシャツとジーンズで行くわけにいかないというのと一緒ですよね。

お金のTPOがいつもずれていると、お金が寄りつかなくなりますから、気をつけることが必要です。

「物語のあるお金」を手にする

お金というものは、金額よりも、それがどういう形でその人のところに入ってきたかという「入り方」の内容が重要だと思います。

たとえばある日、知り合いの家に遊びに行ったとします。そして、「実は宝くじで一億円当たったんだ」と言われ、見ると札束がキッチンのテーブルの上にバーンと積まれていたとしたら。さあ、あなたはどうするでしょうか。驚きますか、それとも感心しますか、あるいはうらやましいと思うでしょうか。

私だったら、ちょっとは驚くかもしれませんが、感心したり、ましてうらやんだりはしません。というのは、その人は宝くじにたまたま当たっただけで、**「一夜明けたら札束を持っていた」**ということです。それで人間的魅力が増したわけでもありませんし、お金がふえたから尊敬するというわけでもありません。

その人がいくらお金を持っていようが、そんなことはどうでもいいのです。問題は、どうやってその人がそれだけのお金を手にしたのかという、一連の流れに興味をもつべきなのです。そこに見えているお金の裏にある、物語に注目するべきなのです。

言い換えれば、**それが「物語のあるお金かどうか」ということ**です。

お金を稼いだ人がいたら、その人がどんな戦略や行動や仕掛けをし、それが、どういう動きでその収入につながったのか、そこにあなたが学ぶものが隠されているのです。

そういう人は、お金を稼ぐということを実際に行動して経験したのですから**「お金の実務家」**なのです。これが実は、その人の最大の財産なのです。

逆にそういうことがまったくなくて、単なるラッキーでお金を得た人は、物語のないお金を稼いだ人ですからあまり関心を払わなくてもいいのです。「よかったですね」で終わりにしておけば大丈夫です。

もちろん、宝くじも当たらないよりは当たったほうがいいに決まっています。重要なのは、当たって終わりにしないことです。まずお金が入ってきてしまったのですから、あとから物語をつくるのです。そのお金を使って、どんな物語をそこからつむいでいくかが大切なのです。

お金の実務家で私がおもしろいなと思った人の一人に、ノブ・マツヒサさんがいます。ノブさんはレストラン『ＮＯＢＵ』を世界中に展開する一流の料理人で、私も日本はもちろん、ニューヨークのお店も大好きでよく行きます。

彼はまず、お金持ちになりたくてお金を得たわけでも、有名になりたくて有名になったわけでもないと思います。料理が好きで、日本料理のすばらしさをもっと世界に広めたいと思っていて、そこで海外で和のブームが起こってきたときにお寿司の握れる腕のいい料理人ということで出て行ったのです。

彼のすばらしいところは、その土地土地でのローカルスポンサーや共同経営者のつかまえ方がうまいところです。ニューヨークならロバート・デ・ニーロ、マイアミならケニー・G、ミラノならジョルジオ・アルマーニなど、すごい人と一緒に仕事をする力がある。私はその、彼の「人をひきつける力」というものにもとても興味があります。ですから、どこの『NOBU』に行ったときも、そのお店の繁盛の裏に隠された物語や人とお金の流れを想像するのです。

マークするのは、**「あなたはどうしてそんなにお金持ちなんですか」と聞かれたときに、「実はね」という物語をもっている人**です。こういう人はすごくバランスのいい収入の取り方をしています。

お金がないのは不幸ではないけれど不便

私の実家は商売をしていたので、いま考えると私はお金に対して何か特別な思いがあった気がします。

たとえば、両親は毎日、閉店後にその日の収益を計算します。その光景が子供心にインプットされていたのでしょう、私もよく紙を切ってお札のようなものを作り、そこに数字を入れて遊んでいました。数えたり、一〇枚ずつまとめたり、それを使って買い物ごっこのようなことをしたり。

商売人の子供というのは、たとえばサラリーマンの家庭の子供とは、お金の概念というものの形成のされ方が違うと思います。私は小学校に入る前から、「何か品物を手に入れるためにはお金が必要なのだ」ということをうっすらと理解していたようで、それはやはり家が自営業というのが大きく影響していたのだと思います。

お店が繁盛すると両親が映画に連れていってくれたのを覚えています。もちろん、儲かったからというのはその当時はわかっていませんでしたが、今日はお店が忙しいなと思っていたら、夕方お店を閉めたあとに「今日は映画に行こうか、薫」と言われる。そして両親が何か機嫌がいい。だから、「お店屋さんというのはたくさん人が来ると自分たちにもいいことがある」とぼんやりと感じていたのです。そして、逆に売れないと、つまりお店にあまり人が来ないときは、映画には行けないんだなと思っていました。

それから、たまに来る集金の人についても不思議に思っていました。たぶん市場からの仕入れ代金などを回収に来ていたのだと思いますが、あるとき母親が集金の人に「明日また来てください」と言ったことがあったのです。いつもならその人が来たらそこでお金を払うのに、今日はどうして「また来てください」と言うのか、私にはわかりませんでした。それで母親に、「いま来てるのに、どうして明日また来てって言ったの？」と聞くと、たしか母親は「銀行から出してくるのを忘れたの」というようなことを言い、またお店に戻っていきました。

いまならそれも理解できますが、当時は五歳とか六歳とかですから、そこでまた疑問が起こります。「お金というのは、手元にだけじゃなくて、銀行というところにもあるのか」と。それで、お金はいろいろなところにあるものなのだ、というような思いを抱きました。

もう少し大きくなってからは、お店の手伝いでお金を扱うこともありましたが、それもまた今日の私のお金の概念をつくる大きな要素になりました。

ときどき、何か欲しいものがあるけれどもお財布の中を見て買うのをやめるおばさんがいたりするので、それを見て、「お金が足りないときは買わないのか、じゃあ、お金がもっとあったら買うんだな」と思ったりしました。

そういえば一度、そういうおばさんに、いまから考えるとものすごく失礼な口をきいたことがありました。

私としては悪気があったわけではなく、ただ思ったことをそのまま言っただけだったのですが、あとで思い出して、冷や汗が出ました。

そのときはあるおばさんが、「あ、バナナを買わなくちゃ」と言って、バナナをかごに入れたのです。しかしそのあと値段を見て、そして自分の財布の中を見て、「あ、足りない」と言ってバナナを元に戻したのです。

ありすぎるほどよくある光景なのですが、そのとき私はおばさんにこう言ったのです。

「おばさん、お金が足りないんだったら、今日そのバナナはそのまま持っていっていいよ。あとでお金持ってきてくれれば。僕、つけておくから大丈夫」

でも、おばさんは「あら、いいのよ」と言って、帰ってしまったのです。

そのときに、**「お金がないと不便なんだな」**と思ったのです。不幸ではないかもしれないけれど、不便だと。あ、ないと困るんだな、という感じです。

その思いはいまも続いていて、私はお金がたくさんあることが直接幸福にはつながらないとは思いますが、あると便利だなとは思うのです。

お金持ちとそうでない人の違い

ビジネスで世界中を回りながら、たくさんの実業家や政治家やセレブ、あるいは王族の方などを見るうちに、なんとなくですが、私はお金持ちとそうでない人との違いは見てわかるようになりました。

もっと言うと、本当に豊かそうだなという人、つまり、普段からお金を持ちなれている人は、身なりよりも表情や雰囲気やしぐさなどでそれとわかったりするのですが、たとえば「昨日、突然宝くじで一億円が当たりました」という人はわからないかもしれません。**お金持ちのオーラ**がない、ということでしょうか。

そして、ここで私が言う「お金持ち」とは、いわゆる、昨日今日何かで一発当てて大金を手にした人ではありません。むしろ、億万長者ではないけれど裕福とは言える程度の、暮らしに困らないくらいのお金を持っていてゆったりと暮らしている人です。

イレギュラーで大金を手にした人というのは、付け焼き刃なのでお金持ちのオーラも身につきにくいのです。ところが、アベレージでお金を持っている人は豊かな生活を続けてきているので、それがスタンダードとして身についているのです。

私はいつでも人に興味があるので、ただお金を持っているかいないかというところを一番には見ません。その人の持っている人間的な魅力がまず気になり、次にその人がどうやってその富を手にしたのかが気になり、そしてその富を持ち続けていられる秘密も気になります。

ということは逆に、私に言わせれば人間的に魅力的な人で富を持つのにふさわしい人が貧乏だったりしたときは、ものすごく変な感じがするのです。その人はチャンスをまだつかんでいないということですから、もったいない。そういう方はぜひこの本を読んでお金について勉強し、その人間性にふさわしい収入を手にしてほしいと思います。

お金は単独で考えなければいけない

お金は、あなたが生きていくうえでの強力なパートナーですが、もちろん万能ではありません。お金が十分にあるとたいていのことはなんとかなりますが、ならない場合もあるのです。

たとえば、お金をいくら出しても買えないものというのは存在します。たとえば人の心だったり、学力だったり、何かの才能だったり。

でも、この「お金」と「お金では買えないもの」について話すときに気をつけなければいけないことがあります。それは、たとえば「お金と愛情とどっちが大事？」というような質問をされたときです。

あなたならどう答えますか？

たぶん、愛情が先にくるという人が多いのではないかと思います。しかし、ここが重要なところなのですが、**お金というものはそれ自体を単独で見ないと絶対にだめなのです。**

私たちはよく「お金よりも〜」というような言い方をしますが、そうやって比較するのはお金がかわいそうですし、第一、比較すること自体が変なのです。

「お金よりも愛情が大事」とか「人の心はお金では買えない」とか「お金がなくても幸福にはなれる」とか。お金と何かをワンセットにしている表現が多いように思います。

でも、**お金は何かほかのものと一緒の土俵に上げてはいけない**ものなのです。というか、そうする必要も本当はないということに、気づいていない人があまりにも多い。だからお金の大切さが何かあいまいになってしまうのです。

愛情は愛情でとても大切だし、お金はお金でまた大切。それでいいのです。それを、ふたつの異なるものを持ってきて並べて、どちらがどうとか言っているからややこしくなるのです。

お金と愛情とを比べて、どちらが大事か考える必要はないと思います。

よく、仕事が忙しくて彼女や奥さんのことがおろそかになりがちな男性に向かって女性が言う言葉に、「私と仕事と、どっちが大切なの？」というのがあります。

私は自分が男性だからこんなことを言うわけではありませんが、この質問がいかに無茶な質問か、よく考えてみればおわかりになると思います。

どちらも大事なのです。

たとえば、アテネオリンピックで金メダルを取った柔道の上野雅恵選手（七〇キロ級）と阿武《あんの》教子選手（七八キロ級）を並べて、「どちらか一人にしか金メダルはあげられないので、どちらが優れているか決めてください」と言っているようなものです。そんなの、決められるわけがありません。

どちらの選手も、それぞれの階級で最高の成績を収めた選手ですから、同じ土俵で戦わせる必要はありませんよね。それと同じことなのです。

ですから、お金に関して「〇〇よりも××のほうが大事」というような極論を、もう一度見つめ直したほうがいいのではないかと思います。

2章

お金に目覚める

あなたの「お金が欲しい理由」は何ですか?

まず、「自分サイズの幸せ」を知ろう

いきなり乱暴なことを言うようで恐縮ですが、私は別に**日本国民全員が「成功しないといけない」という考えをもつ必要はない**と思うのです。

人生には、なければばない、知らなければ知らないですんでしまってもいいこともあるのではないかと思います。

たとえば、みんながみんな「飛行機はファーストクラスでないとだめだ」ということもないと思いますし、「車は高級外国車が一番」とか、「仕事をするからには社長を目指すか独立して起業」ということもないと思うのです。

料金の手ごろなエコノミークラスに乗ってみんなでわいわいやるのが好きだという人がいてもいいし、行き先が近い場所だったら、飛行機はエコノミーでいいからそのぶんホテルのグレードを少し上げてもいいでしょう。車だって、コンパクトなタイプが好きな人もいれば、日本車のほうが好きという人もいるはずです。社長が合っている人は社長を目指せばいいけれど、たとえば上に立つのはあまり好きじゃ

なくて、誰かのサポートをするのが得意だという人は、無理して上を目指さなくてもかまわないと思うのです。

人それぞれいろいろな考え方があり、生き方があるのですから、「お金持ちにならないとだめです」ということはないのです。それよりは、「お金はとくに余るほどはなかったけれど、したいことをいろいろできて、本当に楽しい人生でした」というのが理想ではないかと思います。

そこには**「自分サイズの幸せ」というものがある**と思うのです。

この、「自分サイズの幸せ」を手にした人が幸せで、それが手に入らなかった人は不幸せなのです。

一〇〇人いれば一〇〇の幸せサイズがありますから、たとえばもしも「私の幸せサイズは、お金がたくさん必要」という人はがんばって儲《もう》けてもらえばいいし、持っているお金のレベルが一〇段階で言うと三くらいあれば事足りるという人もいれば、いま七だけどまだまだ足りないという人だっているでしょう。

いろいろなのです。誰もがみんな同じくらいお金持ちにならなくてもいいし、逆にいま自分がいるところにずっといる必要もなくて、抜け出たい人は抜け出ればいいということです。

「人類みな平等で、みんながすべて健康で文化的な生活ができなければいけない」と、他人が勝手に勘違いをしてかき混ぜるのはよくないと思いますが、「自分はここで幸せだ」と思っていても、もしかしたらその人は別の場所がもっと幸せかもしれないという場合はあります。それに気づくことも大事です。では**どうしたら気づくかというと、やはり動いてみる**ということです。

ある場所へ行ってみて、やっぱり居心地が悪いからと前のところへ戻ったり、逆に動いてみて「あ、こっちのほうが自分に合ってる」と思ったり。

ときどき、たいして動いたこともないくせに、「このワクの中で十分、ここがいちばん自分に合ってる」というようなことを言って努力をしない人がいたりしますが、そういう人には私も「そうですよね、あなたがいいんならお好きにどうぞ」と言ってもう相手にしないことにしています。でも、「この人はまだ何かを持っている」と思う人には、「もっといろいろがんばってみたら」「こういうふうにしてみたら」「あれをこうしてみたら」と、その人が伸びるようにアドバイスをします。

お金というものは、あなたがあなたらしく生きるための予算だと考えてください。それがどのくらい必要なのかがわかっているのなら、あとはそれだけのお金を自分でつくらなければいけないということです。それは、その収入がどうやったら得られるかを考えて、そのために作戦を練ることです。そのくらいの収入になる職を探すとか、あるいはサイドビジネスで稼ぐか、または節約・倹約をするか。

自由に使えるお金をふやすには方法はふたつです。ひとつは収入をふやすこと、もうひとつは支出をへらして、我慢することです。

さあ、あなたは自分の幸せサイズをきちんと認識していますか？　違う幸せサイズで生きていることに気がつかないと、本当に幸福にはなれません。

人にはそれぞれのお金のものさしがある

「分相応」という言葉があります。これはとても大事な言葉です。

自分の幸せサイズとも関係してきますが、自分のいまのレベルとキャパシティ、つまり「分」がどのくらいかということをきちんと把握できてこそ、次のステップへと移れるのです。

ところが、これができている人は意外と少ない。それどころか、自分のことを棚に上げておいて、他人の「分」についてはああだこうだと言う人もたくさんいるのです。

とくにお金のことに関しては、この傾向が強いようです。

誰がどんな高価なものを買ったとか、誰が何にいくらくらいのお金をかけているとか、まわりの人についてとやかく言うことから始まり、テレビや雑誌を見ては「○○が何億円の家を建てたっていうけど、大丈夫なのかしら」とか「○○は毎晩銀座へ通っていて、お金の使い方が荒いらしい」と、きりがありません。

でも、他人のお金の使い方を気にしてもしかたがありません。その人とあなたは違うのですから。

それが正しいか正しくないかは別として、**その人にはその人の、そしてあなたに**

はあなたの「お金のものさし」があるのです。

そして、自分のものさしで他人が使っているお金のことをいくら測ろうとしても、それは意味がないことなのです。フクロウがウグイスの鳴き声を聞いて評価しているようなもので、フクロウにはフクロウの鳴き声、ウグイスにはウグイスの鳴き声があるのですから。それなのに人間というのは不思議なもので、いつも自分を基準にしてしまいがちなのです。

まして、自分と似たような経済状態の人について批評しようとするのなら話もわからなくもありませんが、芸能人をつかまえて「お金の使い方が派手だ」とか、「そんなものにそんなにお金を使うなんて」などと言うのは無理があります。それこそ自分の「分」をわきまえない行為です。

むしろ、お金の使い方が派手な人を見たときには、「どうやってあの人は成功して、そんなに派手に使えるようになったのだろう」というところにフォーカスしたほうが絶対に利口だと思います。

お金の使いっぷりのところにフォーカスするのではなく、そのお金を得たプロセスにフォーカスをする。

なぜそんなに使うのかよりも、なぜそんなに使えるようになったのか。そこがいちばん大事なのです。それをみなさんは、うっかり反対側を見てしまう。ですからそこへたどり着けなくなるのです。

その人のお金のものさしはどうやってつくられたか。ここに、自分のものさしをもっと広げるチャンスが隠されているのです。

お金は目的ではなく、目的あってこその手段

たとえば、いまここで私が「一〇〇〇万円のお金があると想像してください」と言ったときに、あなたはどんな一〇〇〇万円をイメージするでしょうか。

その一〇〇〇万円を、自分らしい人生を生きるために必要な、大切な意味のあるお金ととるか、それとも単に数字や札束だけをイメージしてそれ以上の想像力はないのか。

実はそれによって、あなたがその一〇〇〇万円をこれから本当に手にすることが可能かどうかが決まるのです。

「一〇〇〇万円あったら、これもできるし、あれもできる」と思う人と、ただの札束がそこに積んであるとしか想像できない人とでは、単なるお金の見方だけではなく、そこから始まるいろいろなものがすでに違っているのです。**お金を手にする道へのスタート地点が違う**のです。ということは、ゴールも違うかもしれません。

アイデアも想像力も何もない人が見ると、一〇〇〇万円というのは札束以外のなにものでもありませんが、夢をもち、人生の計画があり、想像力のある人が見ると、「一〇〇〇万円あったらこうだな」とか「こういうことができる」とか、いろいろなことを考えます。すると、実際は一〇〇〇万円ですが、それ以上の価値のあるものにも変えられる可能性が出てくるわけです。

そこまで考えられるようにならなければ、その収入は手にすることができないということです。そして逆に、**お金というものが札束にしか見えない人にはお金は稼げない**ということです。不思議ですが、これはそうなのです。

「そんなにもらってどうするの」というようなことを言う人がたまにいます。これが何百億というお金について言うのなら、たしかにそんなにあっても困るかもしれませんが、何百万円程度の金額でそんなことを言う人は、何もしたいことがない悲しい人かもしれません。

たとえば、クイズ番組で「賞金の五〇〇万円を手にしたらどうしますか」と聞かれて、旅行とか、車を買うとか、マンションの頭金にとかいろいろな答えが出ますが、たまに「貯金します」と言う人がいます。あれもあまりおもしろくない答えです。

というのは、いま、たまたまクイズで五〇〇万円を手にするチャンスがあって、手に入れたらどうしますかと言われているのですが、もしもその賞金が取れなかったとしたらどうなると思いますか。お金はありませんから、もちろん貯金はできません。でも、それで損をするかといったら損はしませんよね。だって、それは**もともとなかったお金**なのですから。

うまくいったらプラスになるけれど、うまくいかなかったらゼロのまま。言い方を変えると、うまくいかなくてもマイナスにはならないのです。

「クイズに正解したら賞金をあげます」と言っているだけで、「クイズに不正解だったらあなたの貯金を没収します」と言っているわけではないのです。**あなたにリスクはない**のです。

だとしたら、そんなお金を手にしたときは、自分のためと人のための両方に使うことを考えて盛り上がればいいと思うのです。それを「貯金します」とは、なんだかがっかりするフレーズです。

「そんなこと言ったって、この世の中は何があるかわからないから、何かあったときのために貯金はしておかなくちゃ」と言うでしょうか。「何かあったら」と言いますが、そういう人には逆に何も起きないと思います。

動こうとしない、自分で何かを起こそうとしない人には、アクシデントさえも起こりにくいと思います。何か予想外の出来事が起こる範囲まで行動するとは思えないからです。

お金は目的があってこその有効な手段として生きてくるのであって、お金それ自

体が目的になってはいけません。そうすると、人生はとたんにつまらなくなってしまうのです。

いま貧乏でがんばっている人こそ人生はおもしろい

私は、どちらかというと、お金持ちの家に生まれるよりも、多少貧乏な家に生まれたほうが「いつかきっと」と思ってがんばって、成功もしやすいのではないかと思います。

最初は貧乏でもいいと思います。貧乏というのも体験の幅ですから、ある意味で知っているか、経験していたほうが自分の武器がふえていいと思います。そうでないと、貧乏な人の気持ちがわかりませんから。もちろん、ずっと貧乏を続けているのは大変なので、早くその現状を打開する必要はありますが。

それに、やはり**貧乏だった人のほうが、成功したときに感動が大きい**のです。

ハワイでKONISHIKIさんの家に行ったときに、彼は自分がどんなに悲惨な生活をしていて、どんなに苦労したかという話をたくさんしてくれたのですが、そのすべてがとても印象的でした。

一日一ドルで何日間も暮らしたとか、バスに乗るお金がなくてよく何キロも歩いたとか、すごい話ばかりでした。それで、話したあとにハハハハと笑い飛ばすのです。そこがすごいなと思いました。いまはもう**成功しているから、貧乏な時代の話がネタ話として生きる**わけです。

いま貧乏でがんばっている人に大事なことは、「自分はこのままでは終わらない。いまはネタづくりの時期なんだ」と思ってがんばることです。

私は、いま貧乏で一生懸命成功への階段を上がろうとしている友人や知人には、よく「いまの自分の家をいっぱい写真に撮っておけば？　あとで成功して大きな家に住んだときに、この家は話のネタになるから」と言って励ましたりします。そうして本当に広くて立派な家を手に入れて、私に見せてくれた人もたくさんいます。

貧乏からお金持ちになっていく人と、最初からお金持ちの家に生まれてそのまま何の苦労もなく自分もお金持ちになるのと、どちらを選ぶかと聞かれたら、私は貧乏な家に生まれるほうを選ぶと思います。最終的にお金持ちになるのなら、絶対に貧乏からスタートしたい。そのほうが**人生にドラマがいろいろあっておもしろい**からです。

はじめからお金持ちの家に生まれてしまった人は、もちろんものすごく幸運ですが、ある意味では不幸でもあります。「だんだんお金持ちになっていく」というドラマが体験できないわけですから。

そして、貧乏からお金持ちになっていく人というのは、その過程で「自分はできる」という自信と哲学とを身につけてしまうので、その人自身が財産になってしまうのです。**その人自身がお金を追い越す**のです。

「自分はできる」というひとつの自信をもって生きている人というのは、仮に失敗しようが会社が倒産しようが、ゼロからまたやり直すことができるわけです。そういう人たちは強いのです。

私は、いま貧乏でがんばっている人がうらやましいと思うときがあります。それは、自分がいまはもう成功してしまっているからです。

ところが、まだ成功していない人には、これから成功するための宿題がたくさんあって、それをひとつひとつやり遂げていかなければいけません。自分の望む栄光や栄誉、財産、地位、名声などに至るまでにはたくさんのドラマがあり、たくさんの輝きがあります。それはすばらしいことです。でも、私にはもうそれをすることができません。ですからうらやましいと思うのです。

リッチとは「豊かな人」

私がいつも言っていることのひとつに「『お金持ち』と『リッチ』は、厳密に言うとちょっと違う」ということがあります。

「お金持ち」というのは文字どおり「お金を持っている人」です。そして、そのお金が昨日今日、何かの偶然で入ったものではなく自分の力で手にしたもので、そのお金を使って人のためになることをし、なおかつ自分も楽しく幸せに暮らしている人を、私は「リッチ」と呼んでいます。

「リッチ」は英語で「お金を持っている」という意味のほかに、使い方によって「豊富な」「豊かな」「濃厚な」など、いろいろな意味になります。「リッチ」というのは、暮らしも人間性も生き方もすべて豊かさを感じさせてくれる人ということで、私は**「豊かな人」**と呼ぶのがいいと思うのです。

豊かさを感じさせる人というのは、たとえば人間的に裏表がなくて一緒にいると幸せになる人、まわりに人がたくさん集まる人、いつも自分のスタイルを通していて他人に媚《こ》びない人、お金で動かない人というようなイメージが私にはあります。

それで私がまず思い出したのは、アムウェイの創立者のリチャード・M・デヴォスです。みんなは彼の名前の「リチャード」を短くして「リッチ」と呼ぶのですが、彼が本当に「リッチ＝お金持ちで豊かな人」なのはおもしろい一致です。

彼とは年に一、二回くらいしか会えませんが、普段離れていても、会ったとたんにそれまでのインターバルをまったく感じさせなくする人です。

彼はＮＢＡのオーランド・マジックのオーナーであり、『フォーブス』誌でアメリカのお金持ちのベスト100を特集するときなどは必ずそれに入るくらいの資産家です。私も彼のヨットに乗せてもらったり、NBAの試合に招待してもらったりしたことがあります。しかし、そのこと自体もとても貴重な体験なのでもちろんうれしいのですが、そこから感じられる「こうしたら私が喜ぶだろう」という思いがとてもうれしいのです。

それから、彼はときどき、私にプレゼントをくれます。でもそれはけっして高価なものではなく、たとえば彼の書いた本だったり、どこか旅行先で見つけた美しい風景のポストカードだったりします。しかし私は、高価なものをもらうよりも逆に感激します。それは、リッチが私のことを考えて持ってきてくれたり、私のために選んでくれたものだったりするからです。そして、何よりも、こういう感謝の気持ちをくれること自体がすばらしいのです。

ですから彼は、いわゆる**「お金持ち」の概念を超えた人**なのです。この人は**お金持ちなのかそうではないのかということ自体を相手に感じさせない「豊か」な人**なのだと思います。資産の豊かさよりも、人間としての心の豊かさに感動するのです。

私は彼を人間的にとても尊敬していて、彼のために私ができることは何でもしたいといつも思っています。

いま思うと、最初に会ったときに、何かお互いに通じるものがあったのだと思います。違う言葉で言うと「縁がある」ということなのでしょう。これからも世界中のアムウェイのディストリビューターたちのために、いつまでも長生きしていただきたいと思います。そして次に会えるのを私は楽しみにしています。

身近なところで豊かな人というと、この人が思い浮かびます。私の友人に伊藤伸平という人がいるのですが、彼などはまさに豊かさを感じさせる人です。

彼は一見、誰がどう見ても漁師にしか見えない雰囲気をもっています。実際、釣りが何よりも好きで、いつもいいスポットを求めて世界中を回っています。かといってそれが彼の職業というわけではありません。いまはアムウェイのディストリビューターですが、以前は雑誌のファッションページを作ったりする仕事をしていました。普段はジーンズとTシャツというようなラフな服装が多いのですが、パーティなどにはカッコよく決めてくるセンスを持ち合わせています。好きなときに世界中に釣りをしに行けるわけですから、もちろん貧乏な人ではありません。しかし、

「私はお金を持っています」というふうにも見せていない。そしてお金を避けているわけでもない。ここが彼のおもしろいところです。それから、彼には釣り仲間のほかに、仕事や趣味のいろいろな仲間がたくさんいます。

私は、彼の豊かさというのは、この多面性にあるのではないかと思います。持っている引き出しの多さが、ライフスタイルの豊かさになっていると言えばいいでしょうか。

そしてここが大切なのですが、私が思うに、彼のいまの収入というのは、ちょうど彼に見合っているのではないかということです。自分の幸せサイズにぴったりの、バランスのいい収入を取っているから、「幸せそうに生きてるな」という感じが漂うのだと思います。

彼はもちろん、一生懸命仕事をしてお金を稼いではいるのですが、それはお金が欲しいわけではなくて、好きな釣りが好きなときに好きな場所でできればいい、そのためにがんばっているということです。

やりたいことがあって、それをかなえられるだけの収入がちゃんとあるということ。こういうのは一種の理想です。

経済力というものをいますでに持っている人はそれでいいのですが、問題は、やりたいことがあるのにそれができない経済力しかいまはないという人です。そういう人はぜひ努力をしてほしいというのが、私のメッセージです。

自分が努力も何もしないで、「世の中お金じゃない」とか、お金のことに関してうんちくだけを語る人は、はたから見ていてみっともないものです。

また、「自分はこういうことがやりたい」という夢や希望やゴールがあり、それをきちんと達成するためのビジョンを持っている人が、もしもいまそれだけの経済力がないとしたら、なんとかして手にしてその夢を現実のものにしてほしいのです。

収入を変えるには、いままでの環境を変えるか、あるいはあなた自身が変化して成長するかしかありません。

変化するというと何か大変なことのようなイメージがありますが、そんなことはありません。日々の習慣を変えてみるとか、何か新しいことを始めてみるとか、そんな簡単なことから始めればいいのです。

たとえば花瓶に花が一輪入っただけで、場の雰囲気ががらりと変わりますよね。その花にあたるものをこれから探して見つけていきましょう。それが輝くことによって、収入をはじめいろいろなものをあなたに引き寄せてくれるのです。

それが「豊かな人」への始まりです。

正しい仕事についていないと収入は上がらない

仕事でお金を稼ぐには、簡単で究極の方程式が存在します。

それは、**「正しい仕事をしていれば、収入は必ずついてくる」**です。

つまり、好きなことをして、それが人のためにもなって、自分もその中に感動や喜びを見いだせる、という仕事をするのです。これを満たす仕事をしていると、収入はどんどん上がってきます。

そんなの簡単じゃないかと言う人におたずねします。では、あなたはその簡単なことがいま、できているのでしょうか？

「できている」と言える人のほうが少ないのではないかと思います。それは、好きなことを仕事にすることまでは誰でもできるのですが、それがうまくいくまで続けていこうとする、**ちょっとした勇気が足りない人が多い**からです。この「ちょっとした勇気」というのはとても大切です。これがないばかりに埋もれていった人がたくさんいるのです。

好きな仕事で、人を喜ばせ、自分も楽しい、そして収入も得られる。この順序もまた重要です。最初に収入を考えると、うまくいかないのです。

たとえば、マドンナやブリトニー・スピアーズのCDが売れて印税が入るのがこの方程式ですし、イチロー選手や松井秀喜選手が年俸をもらうのもこの方程式です。

二〇〇三年のグラミー賞を総なめにしたノラ・ジョーンズはお金が欲しくて歌ってグラミー賞をもらったわけではないと思いますし、デイヴィッド・ベッカム選手だって、別に儲けたいというだけでスペインまで行ってサッカーをしているとは思えません。好きなことをしながらたくさんの人に感動を与えて、自分も楽しんでいるからあんなに稼げているのです。

そして、稼げる人というのは実は稼げる方法というものをあまり意識していないのです。というのは、**その人のしたことやすることそれ自体がすでに稼げるシステムになってしまっている**のですから。

ですから、お金を稼ぎたい、収入を得たいという人には、私はこう聞きたいのです。

「あなたがそれで稼ごうとしていること、その仕事は、あなたが大好きなことなのですか、本当にしたいことなのですか」

これが一番なのです。お給料が高いからやろうとしているとか、見た目がよくてカッコイイ仕事だからやっているとかではだめなのです。それでは結局、長続きはしないのです。

お給料が高くても自分がしたくもないことだったとしたら、最初はいいかもしれませんがそのうち飽きてきたり、情熱がなくなったり、手抜きをしたりして、その高いお給料をもらっている意味がなくなってくるのです。

それがたとえばちょっとしたアルバイトならいいと思います。「わかりました。これをすればいいんですね」というような、どこか開き直った部分がありますから。

しかしそれが長いスタンスの仕事だったら、そうもいきません。

そして、**人間は長いスタンスの仕事をもてるほうが幸せ**だと思います。それも、とくに人生の後半がさらによくなるような展望がある仕事だと最高です。終わりよければすべてよしではありませんが、やはり**人生も右肩上がり**というか、少しずつでもだんだんよくなるようになるのがいいのです。

正しい仕事で収入を得ている人は、私のまわりにもたくさんいます。デザイナーのコシノジュンコさんなどは、典型的な例ではないかと思います。

彼女は世界的に成功しているファッションデザイナーですから、もちろんお金も持っているでしょうけれど、そこへは注意が行かないくらい素敵な生き方をしています。

還暦を過ぎても若々しくて、気持ちも若くて、自由で、いつも自分の好きなことをしていて、そしてまわりの人を喜ばせるのが大好きで。

このあいだも、私はジュンコさんに素敵なシャツを作ってもらいました。私はジュンコさんのデザインはもともと人好きだし、ジュンコさんのほうも私がどんなものが好きかをよく知っているので、「こういうのが欲しい」と言うと、いつでも期待以上のすばらしいものができ上がってきます。もちろん、ジュンコさんにはジュンコさんのテイストがあり、私には私のテイストがありますが、ジュンコさんはそれをよく知ってくれたうえで私が欲しいものや好きそうなもの、私が喜びそうなものをとても素敵に作ってくれるのです。

彼女はデザインだけではなく、文化的なことにどんどん参加してはいろいろとすごいことをしているのですが、それをすごいことのように感じさせないで、いつもさらっとやってのけて、言ってのけるのです。少し前、当時の国土交通相の石原伸晃さんからの要請で、ベルリンでファッションショーを開いてきたときなども、「このあいだちょっとベルリンへ行ってたんですよ」ということを、「昨日、隣町のスーパーへ行ってきました」と同じテンションで話すのです。ベースはいつも「岸和田のだんじり女」という感じで、気さくでカッコイイのです。

世界的に有名なデザイナーなのに、偉そうなところがまったくない。本当に素敵な方です。

彼女はアーティストなので、一般の人のお金の稼ぎ方とは一見違って見えます。「それはジュンコさんだからできるんでしょう」と言われそうですが、でも言い方を変えると、彼女は好きなことが仕事になったということです。しかも、それで収入も得ている。

世の中には、「好きなことを仕事にしているけれど収入がついてきていない」という人がたくさんいると思いますが、それはもっとがんばれば収入は上がるということです。だって、好きなことを仕事にしているのですから。好きなことだから、がんばれるはずなのです。

それは「収入の上がる環境」ですか？

正しい仕事についていれば収入がふえるということは、間違った仕事についてしまっている人は収入がふえないという、逆の場合ももちろんあります。ですから、仕事イコール収入と考えたとき、自分がどんな仕事をするかということはものすごく重要なのです。

ここで、ちょっとみなさんにおたずねします。

いまあなたがやっている仕事と同じ内容で、お給料だけを三万円アップするから、同じ業種でもう少し大きな、あるいは有名な企業に行きますかと聞かれたら、あなたはどうしますか？

行くという人は、いまの仕事がそれほど好きではないということですね。月に三万円のアップで他社へ行くのなら、いまいる会社に未練はないということでしょう。ということは、あなたは「いつやめてもいい」と心の中では思っているような環境で、毎日働いているということです。それでは収入は上がりません。

逆に、「いや、三万円のアップぐらいでは行かないな。それだったらここでがんばる」と思う人は、自分のいまの仕事に対してなんらかの生きがいと充実感をもっている人です。そして、そういう人は、三万円ぐらいならいまの環境で自力で取れるくらいの可能性はあるということなのです。

私は思うのですが、みなさん「いつでもチャンスがあるかもしれない」という、その心意気をもって働いている人が少ないようです。欧米人に比べると、日本人はそういう気概がやや欠けていると思います。もちろんひとつの仕事に専念するのはすごくいいことだと思います。でも、人生にはチャンスはたくさん転がっているのですから、**「もっと何かあるかもしれない」という思いは常に頭の隅のどこかに置いて生きていたほうがいい**と思います。でないと、もしもチャンスが来たとしても、それをつかむのは難しくなるのです。

成功するには「人と違うことをする」か、「人と違う方法でする」か

自分がいまやっている仕事で収入を上げるには、同じ仕事をしているほかの人よりもぬきんでた成績を上げたり、自分しかできないことをアピールしたりする必要があります。それには、**「人と違うことをする」**ということがひとつ、それから、**「同じことをするときは、人と違う方法でする」**ということがあります。

私も、サラリーマン時代はそうして成功し、収入をどんどん上げました。

私は高校を卒業してヤマハへ就職し、主にピアノなどの楽器を売る営業マンとして働きました。その後、上京してしばらくのあいだ、レコード店でアルバイトをしていたことがありました。そこで私はレコードの売り上げを飛躍的に伸ばし、それにしたがってアルバイト料もみるみるうちに何倍にも上げてしまいました。

私のやったことは、いまでこそどこのお店でも普通にしていますが、三〇年前のその当時ではものすごく画期的だったのです。

たとえば、アメリカの『ビルボード』誌という音楽雑誌のチャートをいち早く入手して、そのベスト10の順にレコードを並べたり、そのお店独自のベスト10をランキングしてそのレコードを並べたりしました。

そして、並べたレコードは全部の順位をきっちり入れずに、ときどき枚数の少ないところを作ったりしました。たとえば、一位と二位は一〇枚ずつ入っているけれど、三位を四枚にしたり七位を五枚くらいにしたりしました。

レコード（いまならＣＤですが）というものは、陳列場所のすべてにきっちりと入れていると、そんなに売れないものなのです。ですから、ときどき入っている枚数の少ないところを作って、「ここは誰かが買ったんだな」という匂《にお》いを出しておくのです。

とくに、いちばん売りたいレコードを思い切って少ない枚数にして、まわりと差をつけて目立たせておくのです。五位のアルバムをすごく売りたかったら、一位から四位まではいっぱい入れておいて、五位を三枚ぐらい残して、六位、七位をまたいっぱい入れておくのです。そこだけあいていると、お客さんの注意がいやでもそこに行くのです。

レコードを買うお客さんというのは二種類あって、そのレコードが買いたいということで行く目的買いの人と、何かいいものがないかと探しにきて発見したものを買っていく人です。後者が、枚数の少ないレコードを見て、「これって、いまみんなが聴きたがっているんだ。自分も買わなくちゃ」と思って買っていってくれるのです。

そして、一位は別に少なくしておく必要はありません。一位はほうっておいても絶対に売れるのです。一位だというだけで人が買っていくので、それほど努力はいらないのです。ということは、逆に、なんとかして一位にしておけば、それでもう売れるということです。

これは人間の心理をついた作戦でした。私は、**経済学というのは心理学と同じ**だと思っています。いかに人を買いたい気持ちにさせるかが重要なのですから。もちろん、変な商品をだまして売るのは犯罪ですから、きちんとした商品である必要はありますが。

いま考えると、私はレコード店の仕事でもかなり収入を得ていましたし、こういうことを考えるのが楽しかったし、お店に来てくれるお客様に合いそうな音楽をおすすめしては喜んでいただいていたので、これも「正しい仕事」、つまり天職と言えたかもしれません。

たとえば、あのままサラリーマンとして働いていても、幸福な人生は送れたと思います。あるいは、レコード店で働いていても、そのうち正社員になって店長にでもなったかもしれません。でも、あとでもっと自分に合ったいまの仕事と出会えたのです。

ヤマハのサラリーマン時代と東京でのアルバイト時代、そのあとについた作曲家という仕事でたくさんの人のお役に立ったからこそ、次にいまの仕事と出会えたのだと思っています。

お金と覚悟はワンセット

お金を稼ぐ、収入を手にすると決めたら、まずその覚悟を決めることが必要です。中途半端な気持ちでお金に向き合うと、必ずあとでしっぺ返しがあります。「こういう仕事についていてこういう収入を得たい」「いまの仕事でこういうことをして、これだけの収入を手にしたい」と決めたら、そうなるまで**あきらめずにがんばるという覚悟がいる**のです。

何でもそうですが、**何かを最後までやりぬくには、本気と集中力が大切**です。本気だけでもだめなのです、集中力がないと。それが「あきらめない」ということです。

たとえば、「一〇〇万円ためたい」と思った人は、「それをためるには自分はどうすればいいのか」ということ以外、余計なことは何も考えずにひたすら一〇〇万円ためることに集中するのです。

ため方は人それぞれですが、**お金をためようと思ったら方法は大きく分けてふたつです。コツコツと節約をしてためるか、収入をふやしてそれをためるかです。**

収入をふやすには、本業でがんばる方法と、サイドビジネスなどの副収入で手に入れる方法とがあります。

そして、大切なのは無駄遣いをなるべくやめること。自分の中での無駄遣いというものをチェックするのです。

「私は無駄遣いなんてしません」と言う人も、よく見たら絶対に何かに無駄遣いをしています。ですから、せめて致命的な無駄遣いだけでもやめるようにすると、びっくりするほどお金がたまります。

ただし問題は、「無駄遣いをする人ほど無駄遣いに気づいていない」、あるいは

「それが無駄遣いだと思っていない」ということです。

「お金がない」というのが口癖で、でもバッグはエルメスだったりルイ・ヴィトンだったりする女性の方を何度も見たことがあります。

一度、「今月はいつもよりもっと苦しいんです。このプラダの靴を買っちゃったから」と言う人に、「それを買わなければいいだけの話だったんじゃないの？」と聞いたことがあるのですが、その人は「だめなんです。これはどうしても必要だったんです」と言っていました。

シンプルな黒のサンダルでした。似たようなものでもっと安いものは一〇〇万足もありそうです。それなのにそのプラダがどうしても必要だった理由は、私にはとうとう理解できませんでした。

余裕のあるときなら別にプラダでもフェラガモでもお好きなものをどうぞという感じですが、余裕がないときにさらにそんなものを買っていたらお金の問題は解決しません。そこをもう一度、つらいかもしれませんが再認識したほうがいいと思います。

お金を得る方法のひとつに、株や社債や先物取引といったものに投資してその利益を得るという方法があります。これらはたしかに当たれば大きな利益を手にすることが可能ですが、そのかわり失敗したときに失うものも大きいというリスクがあります。

こういったもので儲けられる人というのは、たぶん世の中のほんのひと握りの人たちです。こういうことが根本的にすごく好きで、知識も経験もあり、先見の明もあり、カンが働くというのであれば仕事のひとつとして選んでも成功するかもしれません。しかし、そうではなくて「株のことは詳しくないけれど、何か儲かりそうだからやってみたい。どの株が上がるんですかね」みたいな感じで手を出す場合は、損をすることも覚悟のうえでやらないといけません。その覚悟がなくて手を出すから、だめだったときに青くなるのです。

お金に向き合うときは、いついかなるときでも覚悟がいるというのは、そういうことでもあるのです。

それと、お金と覚悟に関して、私からみなさんにひとつ忠告しておきたいことがあります。それは、お金を貸すときの注意です。

もちろん、「いま持ち合わせがないから、お昼ご飯のお金、悪いけど一緒に出しておいてくれる？　帰りに銀行に寄っておろしてきたらすぐに返すから」とか、「小銭の持ち合わせがないから、ジュース代を貸してくれないか。あとでくずしたら返すから」というような話だったらかまいませんが、問題は、もっと大きな金額になったときです。

別にケチになれ、お金は貸すな、というわけではありません。ただ、ここでも覚悟はいるということを忘れないでいただきたいのです。

お金を貸して人間関係がだめになったという話をよく聞きます。

友人から「お金を貸してくれ」と言われたら、見捨てるわけにはいかないと、つい貸してしまう人も多いかもしれません。それはその人の判断ですから私がとやかく言ってもしかたのないことですが、私のまわりの例に限って言えば、貸したお金がきちんと返ってきて、その後また友情も変わらずに続いたという話はほとんど聞きません。そこでたいていの人は「あそこで貸さなければ人間関係が続いたかもしれない」と思い、貸したことを後悔します。

でも、貸さなかったためにその友人がどうにかなってしまってあとで後悔するよりも、貸してしまってお金も友人もなくしてしまったことを後悔するほうが、もしかしたら多少ましな気もしないでもないですが。

つまり、中途半端な気持ちで貸さない、ということです。「あなたを失いたくないから貸さない」と、友情が壊れる覚悟で言うのがひとつです。でも、こう言われて目が覚めて立ち直った人を私は知っています。

安易に友人からお金を借りてその場をやり過ごす前に、「大事な友人にあやうく迷惑をかけるところだった。それくらいならまだ何かやれることはないか、もう一度探してみよう」と、気づいたのです。

あとは、貸すほうも「このお金は戻ってこないもの」と思って貸すのです。「戻ってくるだろう」と中途半端な認識や期待をもって貸すと、返ってこないときにものすごいショックを受けます。ですから、**お金を貸すときは貸すお金と貸す相手とを失う覚悟がないと貸してはいけない**のです。その覚悟ができているのなら貸してもいいと思います。

あとは相手が努力してくれることを願うだけです。

そういえば、私の知人から聞いた話ですが、彼女の知り合いのコンサルタント業をしている方も、ときどき知り合いの人から「お金を貸してくれ」と言われたりするそうです。絶対に貸さないそうです。この覚悟は決まっているそうです。

借りにくる人たちはもちろん、みんな口をそろえて「さっと返しますから、当座の生活費としてこのくらい貸してください」などと言うそうです。

よく考えると、その借りにきた人が普通に生活をしていて足りなくなって借りにくるわけですから、その人が借りにくる前と同じ生活をしているかぎり、たぶん永久に返せるわけはないのです。生活態度を変えて、余計なことになるべく使わないようにして、しかも少しでも収入をふやす努力をしないと。

きちんと「返す覚悟」というのを決めて、「こういう手段で稼いで、こういうふうに返していく」という計画が必要です。

いまはテレビなどで消費者金融のＣＭが花盛りです。タレントを使ったり動物を使ったりして、親しみやすいイメージをつくっていますから、お金を借りやすい雰囲気があります。でもそれで、軽い気持ちで借りてあとで泣きを見るということのないように、借りるときは覚悟を決めて借りてもらいたいと私は思います。

収入に感動することからすべては始まる

あなたは自分の収入に感動していますか？

たとえば社会人の方なら入社して最初のお給料を、学生の方なら初めてのアルバイトでもらったお給料を思い出してください。金額はいくらであれ、自分の力で稼いだお金です、うれしかったと思います。その喜びが、いつの間にか薄れてきてしまってはいないでしょうか。

自分が最初にもらったお金はもちろんですが、最初ではなくてもいただくお金に関しては、「うれしい！」という感動と、「ありがたい」という感謝が必要です。

感動しない収入はただの紙きれなのです。

昔はお給料も現金でもらうことが多かったので、お金の重みとありがたさを実感できました。でもいまはたいてい銀行振り込みですから、お金のかわりに振り込みの明細表が渡されるだけです。数字の確認で終わってしまう感じなので、感動がちょっと少ないと思います。ですから無駄遣いもしてしまうのかもしれません。

私も最近では社員へのお給料やビジネスパートナーへのボーナスなどは銀行振り込みですが、以前は現金で渡していました。お給料でもボーナスでも、何かの臨時収入をみんなで分け合うときにも、それが小銭であっても袋に入れて、「おかげであなたにこれだけあげられます。お疲れさまでした、どうもありがとう」と言って、一人一人手渡ししていました。

これは大事なことです。お金と、そのお金を渡す相手、そしてそうやって渡せることすべてに感謝することを忘れると、お金にマヒしてしまうのです。それがいちばん危ない。**お金に対する感動や感謝をなくすと、お金はふえなくなる**のです。

ですから私は、お金は銀行振り込みになったとしても、明細表を渡すときには相手とお金にきちんと感謝の気持ちを伝えて渡すように気をつけているのです。

人生の四〇年と一億円

この章を締めくくるにあたって、私からみなさんにもう一度確かめておきたいことがいくつかあります。

それは、「自分はお金が欲しいと思っているのか」「いくら欲しいのか」「それは何のために欲しいのか」「どうしてもそれを手にして自分の人生を生きるという覚悟はあるのか」ということです。

これらのことがきちんと答えられる人はOKだと思いますが、ウッと詰まったり、迷ったりして答えられない人は、そこをはっきりさせないうちは望む収入は入ってこないということを肝に銘じてください。

さて、そのどちらの人にも聞いていただきたい、そして自分なりに考えていただきたいあるエピソードがここにあります。

これは私の友人の社長さんから聞いた話です。

いまからもう一五年ほど前の話だそうです。その社長さんがまだ二〇歳そこそこのときでした。彼はある日、友人と飲みに行き、酔ってタクシーで家に帰りました。真夜中です。タクシーの座席にもたれて、彼はいい気持ちでうとうとしていました。車内では運転手さんがつけたラジオ番組が小さく流れていて、ちょっとしたショートストーリーのようなものをやっていました。

彼はその物語をいまでもはっきりと覚えているそうです。なぜなら、それがある意味、彼の人生を変えた物語だったからです。

その物語は、青年と悪魔の話でした。

主人公は二〇歳の青年です。青年はそのとき、人生のすべてがうまくいっていなかった。お金もないし、仕事もなかなか見つからない、そのせいで恋もうまくいかないし、楽しいことも何もない。毎日がつまらなくて、うんざりしていました。

「ああ、このまま何もなくてぱっとしないままで、自分の人生は終わっていくのかなあ」

青年がそう思ってため息をついたとき、どこからともなく悪魔が現れました。

そして青年にこう言ったそうです。

「どうだ、俺《おれ》と契約をしないか」

契約とはどういうことかと青年がたずねると、悪魔はこう言いました。

「お前の人生のうち、四〇年ぶんを俺にくれ。お前は若いから、この先何十年も生きる。ひょっとしたら一〇〇歳まで生きるかもしれない。そうしたら、四〇年くらいは俺にくれてもいいだろう？　そのかわり、一億円をお前にやろう。それで残りの人生をおもしろおかしく暮らすっていうのはどうだ」

青年は考えました。

「四〇年か。仮に僕が八〇歳まで生きるとして、そこから四〇年を引いたら四〇歳が僕の寿命ということか。四〇歳で死ぬとしても、いまが二〇歳だし、四〇歳まで二〇年。それだけあったら、引き換えにもらった一億円で、やりたいことが全部できるだろう。こんなつまらない人生を八〇年、いやもっと過ごすかもしれないことを考えたら、悪魔と契約をするのもいいかもしれない」

そう思い、「わかった、契約しよう。お前の言うことに乗ろう」と悪魔に言ったのです。

そして青年はベッドに入って眠りにつきました。

次の朝、目を覚ましてから青年は昨夜のことを思い出し、不思議な気持ちになりました。

「夢だったのかな、昨日の悪魔は。変な夢を見たな」

そう独り言を言いながら起き上がりテーブルの上を見ると、なんとそこには一億円がちゃんとあったのです。悪魔の言ったことは、本当だったのです。そして契約も。青年は驚いて、しかし次には大喜びで踊り出しました。

「やった、やったぞ。あれは本当だったんだ！　僕はこの一億円で、これからやりたいことをやりつくすんだ！」

そして青年は晴れ晴れとした気持ちで、身支度を整えようと洗面所へ行きました。

そして洗面所の鏡を見た瞬間、青年は驚いて叫び声をあげました。

そこに映っていたのは、六〇歳の老人だったのです。青年は六〇歳になっていたのです。

悪魔が青年から持っていったのは、四〇歳から八〇歳までの四〇年間ではなく、二〇歳から六〇歳までの四〇年間だったのです。

青年はその場に崩れ落ち、泣き叫びました。

人生が四〇年間短くなるけれど、これからの何十年かは手にした一億円ですばらしい生活ができ、思い残すことなく人生の幕が閉じられると思っていたのに、悪魔がこれからの四〇年間を持ち去ってしまったから、青年に残されたのは六〇歳からの何十年かの人生です。同じ年月が残されているとしても、若いときにしかできないことは、六〇歳の青年にはもうできないのです。一億円があったらどんなに楽しかったかしれない、若いすばらしい時代を悪魔は持っていってしまったのです。こうなると知っていたら、一億円と引き換えにする契約など結ばなかったでしょう。

青年は悔やみましたが、もうどうにもできません。六〇歳からの残りの人生を、その一億円と過ごすのです。

と、だいたいこんな話だったそうです。一五年も前の話なのによく覚えていて、その物語はいまとなっては、本当にラジオで言っていたのかどうかもあやふやだというのです。「もしかしたら、僕のところに本当に悪魔が来て、その物語を教えてくれたのかもしれません」。そう言っていました。

その社長さんはこの物語を聞いて、こう思ったそうです。

「自分は六〇歳になったときにお金がいくらあったって、青春時代を無駄にしてしまっては意味がない。若いときにいろんなことを経験することは自分の財産になるんだし、お金は自分が死んでしまったらもう意味がなくなるんだから、先を惜しんで変にためたりせず、どんどん自分に投資をして、自分のために使っていこう。そして、できたら人の役に立つことにも使っていこう」

まったくそのとおりだと思います。

あなたも、目の前に悪魔が現れてこんな契約を持ち出す前に、自分にとってのお金とはどういうものかということに、目覚めてほしいと思います。

3章

お金に向き合う

あなたは本当にお金を理解していますか？

「お金脳」のつくり方

どうしたらお金を儲《もう》けることができるかというのは、言い換えれば、いかに「お金を儲ける考え方を学ぶか」ということです。つまり、**脳みそを「お金脳」にする必要があるということです。**

お金脳をつくるには、お金を儲けるための考え方や生き方に自分を方向転換します。それではここで、中島薫流「お金脳」のつくり方をお話ししようと思います。

お金脳をつくるキーワードは、全部で一〇個あります。

1．健康が第一

2．感謝をする

3．先に気づく

4．すぐにする

5．人のいやがることをしない

6．ツキのいい人をマークする

7. 人を応援する
8. みんなにいい顔をしない
9. お金は人のために使う
10. くつろぐ音楽を聴く

どうでしょうか。「これならできる」と思いましたか、それとも「なんだか難しそう」と思ったでしょうか。

この一〇個は、どれも簡単です。実行するのに何の才能も特技も資格もいりません。男性でも女性でも、大人でも子供でも、誰でもすぐにできることです。これからもう少し詳しく説明しますので、ぜひやってみてください。

お金運は「ありがとう」でついてくる

健康なことというのは、何より大切、基本中の基本です。お金がいくらあっても、風邪をひいて熱でも出したらどこへも行けませんし、おいしいものも食べられません。寝込んでしまったら働けませんから、稼ぐどころではありません。それに、体調が悪いと気持ちもふさぎがちですから、好きなことをしても心から楽しめません。そんな気持ちでお金を使うと、正しいお金脳はつくられません。ですから、普段から健康には気をつかってください。

健康と切っても切り離せないのが食べ物です。**食べ物を意識することが健康への第一歩**です。体を喜ばせてあげることで、脳も喜ばせてあげましょう。

私がいつも友人に言っているのは「オサカナスキヤネ」をとりましょうということです。これは、以前読んだ本の中に出ていた言葉で、東京女子医科大学助教授の栗原毅先生がおっしゃっていたものです。それぞれ、お茶、魚、海藻、納豆、酢（とくに黒酢）、きのこ、野菜、ネギ（タマネギ）の頭の文字をつなげたものです。覚えておいて、毎日の生活で使ってください。

これで健康な体をつくっておいて、お金を呼び込む精神状態をつくり出すのです。

そして次に重要なのは、やはり「感謝をする」ということ。

感謝をする気持ちがいつも芽生える状態になっていると、お金運もついてくるのです。

脳みそに「感謝する癖」をつける簡単な方法をひとつお教えします。夜、寝る前に「今日は何に感謝をしたか」ということを考えてみるのです。そして、「ああよかった、どうもありがとう」と、心の中で思うこと。口に出して言わなくても大丈夫です。

「今日起きた出来事の中で感謝することなんてない」という人があれば、それは危険です。その人にはお金はたまりません。

「今日、川に落ちておぼれそうになったところを助けてもらった。命の恩人に感謝しよう」とか、そんな大きなことである必要はありません。ささいなことでいいのです。

たとえば、財布から小銭が落ちたのを見つけて拾ってくれたあの中学生に感謝とか、出かけている間に自分宛《あ》ての電話に出て伝言を受けてくれた後輩に感謝とか。

普通に生きている人なら、一日に必ず何か感謝する出来事に出会うのです。これはサラリーマンだろうが社長だろうが主婦だろうが学生だろうが、同じです。

いちばんいいのは、その場ですぐに「ありがたいな」と思えることなのですが、それが無理ならせめて寝る前にそのことをよく思い出して、「あ、あれは感謝するべきでした。すみません。ありがとうございます」と思い返す癖をつけるのです。

それでお金がたまるのかと思うかもしれませんが、たまるのです。

感謝をする気持ちをもったということは、その出来事を感謝したわけです。感謝の中に怒りはありませんから、ということはすごく平和なのです。

ですから、感謝する癖がついている人というのは、人と接しているときにその感謝のオーラが漂っているのです。それが結局、相手に対しての思いやりや気配りにつながっていくので、相手のほうもあなたのために何かしてあげたくなる。あなたの味方をしてくれる人が、日々ふえるということです。ということは、物事がうまくいきやすくなり、信頼や人望が生まれ、それが最終的に収入につながっていくわけなのです。

そうなったら、相手もあなたのことを気にかけて、「あの人は元気だろうか」とか「あの人いまどうしているんだろう」とか思うようになる。そうやって、お互いに敬ったり思ったりする気持ちの数がふえてくる人というのは、お金がたまるような仕組みになっていくのです。

「私、けっこう感謝していますけど、お金はたまりません」という人は、感謝の度合いが手ぬるいのです。小さなことではあまり感謝できず、「うまくいって当たり前」と思っているところがあるから、何か極端ないいことがないかぎり感謝できないのです。

でも、買い物に行ってお魚をまけてもらっても感謝だし、電話をかけて相手がすぐに出てくれても感謝なのです。

感謝をする癖がついている人は、まわりの人を大切にします。**まわりの人たちが幸せになると、自分も幸せになるという発想でいる人が、最終的に豊かになる**のです。日本人は感謝をする癖がきちんとついていない人が実は多いと思います。「あなた、それって感謝することよ」というように、誰かがそう言わないと、気づかない人が多いのです。気をつけなければいけません。

感謝で「幸福の輪」をつなぐ

そういえば、最近こんなことがありました。

私がとても尊敬しているアムウェイの創立者のリッチが、日本へ来て講演会をすることになりました。そこへゲストで出てくれと言われたのです。私は感激して、「喜んで出させていただきます」と、すぐにお返事しました。

彼の講演会にゲストで出てスピーチができるなんてとてもうれしい、ありがたいと思っていたら、その講演会の様子をDVDにするので、私のスピーチの一部をその中に使ってもいいかと聞かれました。

私がますます喜んだのは言うまでもありません。私のスピーチが彼のスピーチと一緒にDVDになって残るなんて、考えるだけで夢のようです。もちろん、「どんどん使ってください」とお返事しました。

すると、今度はそのDVDで使った私のスピーチに対し、印税までいただけることになったのです！

彼の講演会に出られただけでも感謝しているのに、それがＤＶＤになって保存されて、しかもお金までいただけるとは、本当に驚きです。

これが感謝の効用なのです。

ところが、最初にお金のことを考えたりすると、この収入は入ってこないのです。たとえば、はじめに講演会のゲストの話がきたときに、「スピーチはしてもいいけど、講演料はいただけるんですか」などと聞いたとしたら、「この人に頼むのはやめようかな」と思われる可能性は高いですから、次回からはそんな話がこないかもしれません。そして、今回は話をして講演料をもらえたとしても、ＤＶＤにするときに「この人はお金にうるさいからスピーチは入れないことにしよう」となるかもしれません。また、ＤＶＤになったとしても「なんで印税は＊％なんですか、もっとください」などと言ったりした日には、もうそれからはどんな話もこないと思いますし、たぶんいろいろなところに「あの人はお金にうるさいし、強欲」というふうに伝わるので、ほかからもいい話がこなくなります。

これが感謝の気持ちでいると、自然と「ＤＶＤに入れていただけるだけでもありがたいのに、印税までいただけるんですか。本当にありがとうございます」という気持ちになります。そうしたら相手だって「こんなに喜んでもらえるなんて、よかった」とうれしくなって、次もまた何かしてあげたいという気持ちにもなるのです。

こうして**「幸福の輪」ができて、それが感謝することによってどんどんつながっていく**のです。

「するべきことは生もの」と思う

これもとても大事なのですが、相手が気づく前に自分が気づくように、脳を訓練するのです。

たとえば、年賀状の返事を書いているうちはまだまだです。自分から書かないとだめです。お正月に配達された年賀状を見ながら、「あ、この人、年賀状くれた。私は出してなかったな。どうしよう」というのはNGです。逆に相手に「しまった、出してないのにもらっちゃった」と思わせたら勝ちです。

それでも一応返事を書くのならまだいいでしょう。「返事」という言葉があるくらいですから。でも、「いいや、もう無視しちゃえ」では最悪です。

理想的なのは、自分が先に出す。**相手が気づくよりも、自分が先に気づく**。先回りするのです。

だいたい、幸せとか豊かになっている人というのは自分のほうから一歩を踏み出す人です。**先に与える**という癖がついています。また、そうしないと返ってこないのです。

お金を儲けたい人は、先に気づくとともに、**「すぐやる」**ということに気をつけましょう。

何かをするときは、すぐに始める。そして、わからないことは必ず聞く。もしも**その日にするべきことを次に持ち越した場合には、「賞味期限が切れた」**と思ってください。今日必ずしないといけないことを、「ま、いいや、明日やっても」と思ったら、もうそれで終わりです。それが仮に明日できたとしても、もう賞味期限が切れているという感じです。

するべきことは生ものと思え、ということです。

「あ、しなくちゃ」と思いながら、「ま、いいか、明日で」と後回しにすると、必ず痛い目にあいます。そんなことになる前に、いますぐ終わらせておきましょう。

ツイてる人をマークするのはお金持ちへの近道

人が喜んだり感動したりする仕事をしている人はもちろんお金が入ってきますが、それが難しい人でも、**「人がいやがることをしない」**というのだったら簡単にできると思います。

これなら最低限、誰もが守れるし、実行しやすいと思います。いままでよりもほんの少しだけ、他人を思いやる気持ちをもてばいいのですから。

タバコを吸う人は、せめて歩きながら吸ったり、吸殻をポイ捨てするのをやめるとか、電車の中で携帯電話で大声で話すのをやめるとか。マナーの問題が多いかもしれません。

それから、ツキのいい人をマークする。自分がツイていればいちばん簡単かもしれませんが、自分の運がいいかどうかは本人にはよくわからない場合もありますから、とりあえず運のいい人をマークするのです。その人たちの考え方や行動をチェックすれば、自分に足りないものがわかってきます。

お金持ちの人と接することも、ある意味ではお金持ちへの近道かもしれません。まったくお金を持っていない人と一緒に動いているよりは、情報として有利かもしれませんから。

お金持ちといればあなたも絶対にお金持ちになるという保証はありませんが、入ってくる情報が、貧乏な人とお金持ちの人では明らかに差があります。ですから、そばにいて考え方を勉強するのはいいことだと思います。

ただ、それよりも近道があります。それは、**「ツイている人と一緒にいる」**ということです。

お金持ちといるよりは、ツキのいい人のまわりにいるほうがツキを呼び込むと思います。それに、お金持ちと一緒にいろと言われても、なかなかそんな知り合いはできないかもしれませんが、ツキのいい人というのはあちこちにいますから。

では、どんな人がツキのいい人やツキやすい人かというと、まず「動くほうを選ぶ人」です。

人間には「中止にする人」と「動く人」というふたつのタイプがいます。「どうする？」と聞かれて、「やめたら」というタイプはだめです。だって、やめたらそれ以上、何も起きないのですから。

ただ、場合によっては「それは棄権したほうがいい」とか、「やめたほうがいい」とかいうことが判断としては当たっているときもたしかにあります。しかし、それは「やめるほうに動く」ということですから、よく見る必要があります。

ちょっとした「するか、しないか」「行くか、行かないか」というようなもので、「やめとくわ、今日は」というタイプの人は、基本的にあまりツカないようです。

それをしてもそれほど実害のない場合は、やってしまったほうがいいという程度の話です。

たとえばこれが投資をするかしないかなど、何千万円ものお金が絡むという場合はまったく別の話です。日々の生活の中で、たとえば「個数限定のお菓子が運よく手に入ったので持ってきたんだけど、食べてみる?」と聞かれたときに、「うーん、ちょっとやっぱりやめとく」としりごみする人の話です。

害にならないもの、リスクのないものに対して躊躇《ちゅうちょ》するのは、どちらかというとツキがあまりこないのです。何が起きたかということによって次の展開が決まるのです。

ですから、いつも「今日はやめとくわ」とか、「いや、結構です」というようなことばかり言っている人は、展開もへったくれもありません。

それをしたらどうなるかという結果にこだわる人が多いのだと思いますが、結果にこだわってばかりいたら何もできません。

「絵でも描いてみませんか」と言われたときに、「描いたことありませんから」というのは答えになりません。描いたことがないから描いてみる、というのが正解です。「描いたことがなくてもやってみたら? 君は感性がありそうだから、何かおもしろいのを描くかも」と言われたら、「そうですか。じゃあちょっと描いてみましょうか」というタイプの人にツキがくるのです。素直というのはすごく重要な要素です。だから、**素直に受ける人が成功する**のです。

それはなぜかというと、**無から有を起こす作業をしている**からです。じっとしている人は迷わないけれど石ころになるだけなのです。

ツキが変わると人も変わり、そしてさらにツイてくる

私はいつもかなりツイている人間なので、私のそばで働いている人がツキがよくなったという話をよく聞きます。

たとえば、私の秘書として働いてくれている馬場君は、私のところで働くようになってから、ラッキーなことや信じられないことが多く起こるようになったと言っています。

先日も、ケニー・Gという世界的に有名なサックス奏者のコンサートがハワイであったとき、オープニングでケニー・Gが観客席の後ろから登場するという趣向が

あり、そのとき、盛り上がっている会場のお客さんの中の誰かと握手をしようと考えた彼が二〇〇〇人の中から選んだのが、なんと馬場君だったそうです。もちろん、彼は大感激でした。

ツキが変わると人相が変わる気がするのですが、これは本当にそのようで、彼の奥さんが、「彼は最近、表情がすごくよくなった」と言っていました。

逆に言うと、いつもムッとした顔をしていたり不機嫌そうだと、ツキも逃げるということです。

それから、ときどき私が大阪で仕事があるときに車の運転を頼む友人がいるのですが、彼も最近なんだか自分で自分が変わってきたのがわかる、と言っていました。

先日、知り合いの歌手の方からコンサートに招待され、見に行くことになりました。仕事の合間で、そのコンサートが終われば私はまた新幹線ですぐに移動することになっていました。

コンサートのあいだじゅう、彼をホールの外で待たせるのもどうかと思い、当日券を買ってあげて、一緒に会場へ入ってもらいました。私は招待席ですが彼は一般席なので、席は当然ですが隣同士ではなく、彼はちょっと後ろのほうでした。

しかし、彼は実はいちばん後ろのあいている席でコンサートを見ていたのです。

というのは、終わってからすぐに出ないと帰るお客さんで混雑してしまい、私をスムーズに車へ連れていくことができないと考え、後ろのほうへ移動して見ていたのです。

実は後ろの二列ぐらいというのは、スタッフ専用のスペースということでキープされていたらしく、そこにぽつんと座っている人がいるのでスタッフが「ここはあけてある場所なので、前へ行ってください」と彼に言ったそうなのです。

どちらかというとおとなしくて気のやさしい彼ですから、以前だったら「あ、すみません」と言って、本来の自分の席へ戻っていたかもしれません。しかし彼はそこで、「こういうわけで私は薫さんを車へ案内するためにすぐに出られるようにここにいるので、お構いなく」と言ったのです。

そうしたら、スタッフも「じゃあ、わかりました」と、彼をほうっておいてくれたそうです。

「以前の自分だったら、自分の考えや意見をきちんと言えなかったかもしれないけれど、いまは言えるようになりました」と本人も言っていました。それはなぜかというと、私がいつもそうしているのを見て、少しずつ変わってきたのだそうです。

自分の意見をきちんと言えるようになる人というのは、ツキを普通の人よりも呼びます。相手の言っていることを聞き取れるわけですから。

いい魂がいいお金を呼ぶ

お金を手にするには、人とのご縁が欠かせません。ですから、まわりの人を応援することがとても大事です。もちろん、人に応援されるのも大切なのですが、**人を応援することのほうがもっと大切だし簡単**です。

たとえばあなたが明日、会社に行って誰かに応援されてくださいと言われたら、どうしていいか困るでしょう。でも、これが「誰かを応援してください」ということなら、誰かの仕事を手伝うとか、がんばっている同僚にちょっとコーヒーをいれてあげるとか、できることはたくさんあります。

ここで気をつけたいのは、みんなにいい顔をしないということ。これは自分に誠実でいるということです。

かといって、人によって態度を変えろと言っているわけではありません。みんなに同じように失礼のない態度をキープはしてほしいけれど、「私はみんな大好きです、みんなと仲良く」と、無理をしなくてもいいということです。

それから、忘れてはいけないのが、**お金は人のために使う**ということ。自分のために使うとそこで終わりなのですが、**人のために使うと、お金はあとで返ってくる**のです。何倍にもなったり、もっといいものに形を変えたりして。

それで思い出した話があります。みなさん、パメラ・アンダーソンという女性をご存じでしょうか。彼女はカナダ出身の女優さんで、テレビやグラビアなどで活躍しています。

彼女は実は、アテネオリンピックでのアメリカ女子体操団体の銀メダル獲得に一役買っていたのです。

チームの一員として銀メダリストとなったモハーニ・バルドワージという選手がいるのですが、彼女は実力はとてもありながら、金銭的余裕がなかったために、オリンピックの選考会に参加できないかもしれなかったのです。そこで、彼女が所属している体操クラブがチャリティイベントのチケットなどを売ることでその参加費用を集めようと必死だったそうです。

そのお手伝いをしていたある人が、そのチケットを買わないかと近所に住むアンダーソンさんに声をかけたところ、彼女はチケットを買わずに体操クラブに直行し、バルドワージ選手に二万五〇〇〇ドルの小切手を手渡したそうです。

おかげでバルドワージ選手は無事に選考会にも参加でき、代表の座を勝ち取り、メダルという形でアンダーソンさんに恩返しができたというわけです。

バルドワージ選手は試合後のインタビューで、

「アテネに発つ前にパメラから花束が届いたわ。彼女は借金のストレスを軽減してくれたの。あの小切手がなかったら、私はいまごろノイローゼになっていたわ」

と、アンダーソンさんの親切に感謝していると語っていました。

人のためにお金を使った、すばらしい例です。このニュースは世界中に報道されたので、アンダーソンさんにはこれからいいオファーもたくさん舞い込むのではないでしょうか。

とはいえ、みんながみんな、こんな高額のお金を人のために使わなくてももちろんいいのです。コンビニの募金箱に一〇円入れるだけでもお金脳はつくれます。ぜひ実践してください。

最後に、**くつろぐ音楽を聴く**。これはけっこう大事なのです。自分にとってくつろぐ音楽をよく聴くと、脳も癒《いや》されますし、魂も癒される。**いい魂にはお金も集まってくる**のです。

いかがでしょうか。お金脳をつくるのは、けっこう簡単でしょう。

「やってますけど、私はお金がたまりません」という人がもしもいたら、それはまだまだ手ぬるいということです。本当にこれらのことをまじめに実践してお金を手に入れている人を私はたくさん知っていますが、そういう人を見たら中途半端にしか実践していない人はメゲると思います。

お金脳をつくるには、お金のことを考えるよりも別のことを考えるほうが、一見遠くて実は近い道です。急がば回れ、ゆっくり、でも確実にあなたのお金脳をつくっていってください。

成功は自分の知らないところにある

歌手で成功した人のエピソードでよく出されるもののひとつに、水前寺清子さんの話があります。

彼女はもともとド演歌で、着物を着て歌っていた人ですが、ある日「今度これを歌ってください」と『三百六十五歩のマーチ』を渡されます。聴いてみたら「ワンツーワンツー、幸せは〜」です。どう聴いても演歌じゃないし、「なんだか運動会みたいな歌ね」と彼女は困惑して、「どうしても私がこれを歌わないといけないんですか」と言ったそうですが、一応吹き込みましょうということで吹き込んだその歌が、彼女の人生最大のヒット曲になったのです。

好きではなかったものが売れた例では、ペギー葉山さんもそうです。彼女はジャズ歌手で、米軍基地で歌ったりしているときに、NHKの公開番組で高知へ行って、そこで一曲歌ってくれと言われて依頼された曲が『南国土佐をあとにして』。その曲には『よさこい節』という民謡も入っていて、彼女もやはり「何なの、これは」と思ったそうですが、水前寺さん同様、彼女のいちばん売れた曲になりました。

都はるみさんだって『北の宿から』のときに、「ぼそぼそものを言うような曲で、なんだかいや」と本人は言ったそうですが、レコード大賞を取り、彼女の代表作になりました。

天童よしみさんも、『珍島物語』が新曲になるときに「私、これはあまり好きじゃない」と言っていたそうなのですが、なんとミリオンセラーです。

いまの四人の共通点は、拒絶した歌が本人の代表作になっているということです。ですから、**自分では考えられないことが、本人を豊かにしたり、いわゆる金持ちにさせたりする流れになる何かの要因にもなる**わけです。ということは、自分に何かアドバイスをしてくれる人の話というのは、無視できないということです。

もちろん、その人をどこかで信頼していたり、人間関係がなかったらだめです。道端を歩いている人から「水前寺さん、今度マーチ出して」なんて言われても、歌わないですよね。

私だって、サンマーク出版から本を出すというときに、私は作家でもないし大丈夫かなと不安もありましたが、担当編集者が「大丈夫ですよ、薫さんの成功哲学や人生哲学は、誰が読んでもおもしろいし、ためになります」と言うから、「そうかな？」とおそるおそる出したのが始まりです。

だから、**人生で、「大丈夫」と言ってくれる人がいるというのはすごいこと**だと思います。それが最近よく言う「メンター」というもので、「大丈夫」と言って、ぽーんと肩を押してくれる人をつかまえるのは大事です。

貧乏な人は気持ちから貧乏が始まっている

感謝をする癖がついていない人は「あっ、だから私は貧乏なんだ」と気づくことです。**考え方が貧乏だからいつまでも貧乏**なのです。**貧乏な人は気持ちから貧乏が始まっている**ということです。

もちろん、お金持ちでも気持ちは貧乏な人というのもいます。そういう人は、ケチがゆえにもっと損をする場合もあります。お金持ちほどケチで、だからお金がたまるのだとよく言いますが、それは本当のお金持ちではありません。**「お金だけがある人」**です。

お金が出ていかないはずだったのに、気がついたらすごく損をしてしまっていたという、悲しい話があります。

私の知り合いの知り合いに、すごくケチなお金持ちがいました。その人は調味料を、賞味期限から一か月後まではいつも使っていたのです。

ある日、いただき物ですごく高級なイクラをもらって、イクラ丼にしようとして、賞味期限が切れてから二週間たったしょうゆをそれにかけました。いままで「賞味期限が切れてから一か月くらいはずっと平気」だったのですが、なぜか運悪く、そのときは期限切れから二週間しかたっていなかったにもかかわらず、そのしょうゆは傷んでしまっていたのです。ですから、せっかくのイクラ丼がだいなしになってしまいました。

イクラだって、もらったときにすぐ食べればいいのに、もったいないからととっておいて結局食べ損ねて悪くしてしまったり。

お金の残る人というのは、何かおいしいものが手元にきたとすると、「わーすごい、みんなで食べましょう」と言って、すぐに友達を呼んでみんなで楽しく食べるのです。

これがお金のたまらない人は貧乏な考え方が染みついているから、すぐに独り占めしようとするわけです。何か得した気分になるのでしょうね。でもそれが実は大損なのです。一人で食べきれなくて、あるいは少しずつ食べようと思ってたくさんとっておくうちに悪くしてしまう。誰にも「おいしい」とも「ありがとう」とも言ってもらえずに。

「入ったら分ける」、これです。釣り用語で「キャッチアンドリリース」というのがありますよね。釣ったらすぐに放す。あれと同じです。**「ゲットアンドシェア」**

といった感じでしょうか。

いただき物で大きなカニが届きました。わーすごい、これはすぐに友達を呼んでみんなで食べなきゃ、と思って友達を五人呼んだとします。一人当たり、カニの足が一本か二本しか行き渡らないけど、わいわい言いながら食べたら、みんな喜んで帰っていくでしょう。で、その五人が次に何か手にしたらおすそ分けをしてくれると思います。でも、そのカニを独り占めして食べようと思って、ゆでてとりあえず足を二本食べて冷蔵庫にしまいます。それでそのまま忙しくて忘れてしまいカニは悲しく冷蔵庫の中で傷んでしまったら、どうしますか。カニは無駄になるし、友情も深まらないし、散々です。仮にカニを自分で全部食べられたとしても、そこから次の展開はないのですから。

同じカニの足二本しか食べられないのだったら、みんなで楽しく食べたほうがいいでしょう。食べた量は同じくらいでも、それ以外のところがまったく違っ。これが実はこの「お金の哲学」のベースなのです。人のためになるように振る舞うということ。**「どうせ結論がカニの足二本なら、あなたはどちらを選びますか」**ということです。

お金もカニも同じ。**人が喜ぶために自分を動かす人には必ず返ってくる**のです。たとえばある日電話がかかってきて、「このあいだはおいしいカニをありがとう。今日、ワインをもらったからあげる。僕は飲まないけど、君は好きだったよね」とか、「カニのお礼に映画のチケットをあげる」とか、わらしべ長者ではないけれど、要は次の展開があるということです。

それに、カニが手に入ったときに呼ぶ友人ももっていないと。大きなカニが届いて、「さあ友達を呼びましょう」というときに五人浮かばないという人は、なんとかしてそのくらいは浮かぶくらいの友人関係をつくってください。

その五人のために何かできる人は、生き方とか人生とか運の流れとかがガラッと変わってきます。人数がふえるとそれだけ物事を見る目線がふえるし、それにしたがって情報の量もふえますから。

私の知り合いで競馬が好きな人がいるのですが、けっこう当たったりするようです。彼はそれを「あぶく銭だから」といって友人に食事をご馳走《ちそう》したり、お菓子とかアイスとかジュースとかを会社の同僚の人数ぶん買ってきてみんなで食べたりするそうです。そうすると、次にまた勝てるのだそうです。おすそ分けをしたほうが次に戻ってくるというジンクスが競馬にはあるというようなことを彼が前に言っていました。「分けたほうが戻ってくる」、まさにそうだと思います。

幸運の宝くじか不幸の宝くじか

先日テレビを見ていたら、海外のこんな驚くニュースがありました。宝くじの話です。会社で「みんなでお金を出して宝くじを買おう、当たったらみんなで山分けしよう」ということで、宝くじを買った会社があったそうです。

みんなが出し合ったお金を持って、Aさんという女性の社員が代表で買いに行くことになりました。そこでAさんは、会社のぶんを買ったあとに、ふと「自分も個人で少しだけ買ってみようかな」と思い、自分用にも自分のお金で少しだけ買いました。たとえば、会社のぶんが一〇万円だとすると、自分のぶんは三〇〇〇円くらい。それで、当選発表があり、ふたを開けてみたら、なんとそのAさんが個人的に買ったぶんが当たって、何億円と入ってきたそうです。

そのAさんが「私、自分で買ってきたぶんで当たりました」と、会社の人に言ったので、会社じゅう大騒ぎになりました。

Aさんは弁護士を呼んで相談したそうです。

そこで弁護士が「それは本当にあなたが買ったぶんなんですね。もし本当なら、裁判になってもあなたが勝ちますし、裁判になる前でもあなたが勝ちますけど、どうなんですか」と聞きました。もちろん、それは本当にAさんが買ったぶんが当たっていて、それはすぐにわかったので、結局そのお金はAさんのもので落ち着きましたが、どうしてそれがわかったと思いますか？　ちなみに、連番ではなくて全部バラで買っていたそうです。そして会社のぶんもAさんのぶんも一緒にしておいて、当選発表のときに一緒に調べたのですが、「これは会社」「これは自分の」とわかったそうです。

それは、買った記録が全部ついていて、買った時間と番号と、買った枚数とが全部わかるようになっていたそうなのです。買った券自体にそれが記載されているそうなので、一〇万円ぶん買ったほうの番号と、三〇〇〇円ぶん買ったほうの番号をチェックすれば、当選番号は三〇〇〇円ぶん買ったほうに入っていたことがわかったわけです。海外って便利ですね。

そこで私が気になったのは、そのAさんは会社の同僚や友人を無視して、その当たった何億というお金を丸取りしようとしたのかどうかということです。その後、どうなったのかはわからないので気になります。

「当たったことを黙っていたらそんな騒ぎにはならなかったんじゃないのか」と考える人もいるかもしれませんが、その人はこの本をここまで読んだのにもかかわらず、まだお金の入る考え方になっていない人です。だいたい、黙っていてあとでばれたらもっと大騒ぎになってしまいます。

Aさんは自分のぶんが当たっていたとわかったときに、みなさんにおすそ分けしたのでしょうか。別に山分けにしろとは言いませんが、みんなにレストランでご馳走でもしてあげれば感謝されたと思います。お金とか物を人にあげるのはどうも、という人は、みんなで旅行なんていいかもしれません。

ここで「なんで自分のお金で買って当たったものをみんなに分配しなきゃいけないの」とか思う人は、もうそのまぐれ当たり以外のお金は入ってこない人生だと思ってください。おまけにそんな余計なお金が入ったことで人生が狂ってしまったりするのです。友人もなくしてしまうかもしれません。

「私がこの宝くじを買いに行くことにならなければ、私だってついでに買ったりはしなかったろうし、そうしたら当たることもなかったわけだから、みんなに感謝の気持ちとしてお礼を」

こんなふうに思える人は、あとでおすそ分けした以上のものが返ってくるのです。

それでたとえば、トータルで一〇〇万円ぐらい仮に使ってしまったとしても、いいと思います。まだたくさんあるんだし、それに、ここが大事なのですが、**そのお金は「もともとなかったお金」なのです**から。

入る予定があって入ってきたわけではなくて、たまたま臨時収入で入ってきたのです。外れていたら、なかったお金なのです。

この考え方の違いが、お金が入る人と入らない人の考え方の違いなのです。

それで、「あの人、自分が当たった宝くじなのに、『買いに行かせてくれてありがとう、おかげで当たったから』って、みんなを旅行に連れてってくれるなんて、いい人ね」ということになって、ツキが変わってくるのです。それを独り占めしようなんてセコイことを考えるのが貧乏人の考え方なのです。これには「**嫌われて終わり」というおまけがつきます**。「お金は入ったけれど人を失った」ということになるわけです。

普段から、「いつもお世話になっているみなさんありがとう、感謝の気持ちを何かで表したい」という気持ちがあれば、こういうときに発揮できるでしょう。でも、もっていないからこういう悲劇が起きるのです。

大事な人を失ったかわりに、お金が目当てで寄ってくる人も出てきます。

「この人と仲良くしていればおごってもらえたりする」とか。でも、そういうのは寂しいし、そういう理由で寄ってくる人は、それこそ「金の切れ目が縁の切れ目」で、あなたが困ったときには力になってくれないのです。

そういえば、アテネオリンピックで金メダルを取った柔道の谷亮子選手に、彼女の勤務先であるトヨタが推定一億円のボーナスと、ＹＡＷＡＲＡスペシャルとして彼女専用にカスタマイズした車をつくってプレゼントするというニュースがありました。

谷選手はオリンピック二連覇ですし、それ以外でも日本の誇る柔道選手として輝かしい成績を収めていますから、出せるならそのくらいあげても別にいいかもしれないと思いますが、私が気になったのは、「それは谷選手にだけなのか」ということです。

私がトヨタの社長なら、たとえ大入り袋に五〇〇円玉一枚でもいいから、「ヤワラちゃんご祝儀」とでもして何万人といる社員全員にあげるかもしれません。そうすれば、社員の士気ももっと上がるだろうし、おめでたいことをみんなで祝うという連帯感も生まれるし、「ヤワラちゃんありがとう」という気持ちになって、ますますみんなが彼女をサポートするのではないかと思うのですが。その後、社長さんがどうしたのか気になるところです。

あなたの「お金度」チェック

宝くじの話が出たので、ここでみなさんに問題をひとつ出しましょう。といっても、「これが正解」というのはありません。みなさんがそれぞれ考えてくだされぱいいのです。

よく当たる占い師がいたとします。彼女があなたにこう言います。

「来週、宝くじを買ったら、一億円当たります。その宝くじ売り場を教えますから、当たったらその一〇%を私にください。万が一、外れたら宝くじを買った代金ぶんは払い戻してあげます。ただし、くじを買ってきたときに、『これを買いました』という番号を申告してください」

さあ、あなたはどうします？

「もちろん買いに行くし、一〇%差し上げます」という人が多いかもしれません。

でもそれは、いまがまだ当たる前だからです。いま手元にはゼロ円だけど、これが本当に当たったら、九〇〇〇万円入ってくるからです。

ところが、これがいったん一億円が手元に入ってから引かれると思うと、それが一〇〇〇万円だろうが一〇〇万円だろうが、出ていくお金は惜しくなるものなのです、人間というものは。

最終的に手元に九〇〇〇万円残るとしても、それがゼロ円プラス九〇〇〇万円か、一億円マイナス一〇〇〇万円なのかで、まるっきり違うのです。

私が子供のころ、自分の家のお店を手伝っていて気づいた事実がこれと同じなのですが、おばさんが「肉を一〇〇グラム欲しい」というときに、一一〇グラムとってから一〇グラムを戻すよりも、九〇グラムはかってさらに一〇グラムを足してあげると喜ぶのです。

でも、この宝くじの場合は、もともとなかったはずなのに九〇〇〇万円が手に入るんだから、「ぎゃー、ラッキー!」という話でしょう。そう思えばいいところを、わざわざ「一億円入るはずだったのに、一〇〇〇万円持っていかれて九〇〇〇万円しか残らない」と思うからおかしくなるのです。お金が入る人になるかどうかは、結局、この考え方ができるかどうかなのです。

ここで「買いに行くけど、なんで一〇％あげなくちゃいけないの、私が買う宝くじなのに」と腹の底まで真っ黒な人がいたとしたら、落ち着いて考えてみてください。だって、どこに買いに行けば当たるのかを教えてもらえるのですよ。それで当選金額の一〇％を払うのがいやなら、自分で好きな場所に買いに行って外れてください、ということです。「万が一、外れたら買ったぶんの代金は払う」と言っているのだし、あなたには損もリスクもないのです。

「じゃあその占い師が自分で買いに行って、当選金額を丸儲けすればいいじゃない、私ならそうするけど」と言う人もいるかもしれません。でも、占い師はそれはできません。自分のことは占えないのです。

「外れた場合は代金は返すって言ってるけど、じゃあ売り場へ行くまでの交通費も払ってくれるの」と、もしも考えた人がいたでしょうか。そういう人は宝くじなんて買ってはいけません。一生、その貧乏な考え方のまま生きていってください。そんなことまでうだうだ言う人は、小金はちょっとくらいたまるかもしれませんが、大きいお金なんて絶対に無理ですし、めぐってくるはずの幸運や出会うはずのすばらしい人を失うのです。

さて、宝くじの話はここで終わりではありません。

一億円当たったとします。さてあなたは、占い師にちゃんと一〇%を払うでしょうか。それとも占い師には当たったことは黙っていて、一億円全部を自分のものにしてしまうでしょうか。次の中から選んでみましょう。

①占い師に「外れた」と言う。その場合は外れのくじを占い師に払い戻してもらわなければいけないから、別の外れくじが必要になります。ということは、買うときにあらかじめもう一枚か何枚か、くじを買っておく必要があります。買ったのが一枚だけだったら黙っているわけにはいきませんから。

②占い師に「当たった」と言うけれど、一億円当たったとは言わない。たとえば「一〇〇万円当たった」とウソの金額を言って、その一〇%、つまり一〇万円をあげる。そうして九九九〇万円を自分のものにする。

③正直に一億円当たったことを占い師に言って、ちゃんと一〇%払う。

さあ、あなたはこの三つのうち、どの行動をとるでしょうか?

正解はありません。自分で考えて答えてください。

くじは別に何枚買ってもかまいませんが、そのうちの一枚を「これを当たるくじとして買いました」と番号を占い師に申告しなければいけません。もしもそれが当たったときに占い師には黙っていようと思ったら、「なくした」などと言い訳をしなければいけませんよね。お金を守るためにウソをウソで塗り固める必要があるということです。

また、運よく占い師に申告しなかったくじから当たりが出たとして、そこでそのことを黙っていて丸儲けしようと思う人もいるかもしれません。ただ、「あなたに教えられて買いに行ったから当たったので、やっぱり一〇％お支払いします」と言えたらすごいと思います。

③番を選んだ人は、もう何も言うことはありません。黙っていてもそのうちお金は入ってきます。お金の神様がちゃんと見ていてくれますから。申告した番号が当たったのにそれでも「外れた」と言ってお金を独り占めしようとするような人がこの本の読者ではないことを私は祈ります。

いかがでしたか。「自分はここまでは落ちていない」と思いましたか、それとも「自分は腹黒い」と反省しましたか？　でも、そう自覚できる人はまだ救いがあるということなので安心してください。今日から改めればいいのです。

当たったときに占い師に感謝して、小躍りして喜べる人になっていただけたらと思います。

お金がたまる人というのは、基本的には正直で誠実な人がそうなります。たまに不誠実でウソつきだけどお金がたまる人がいますが、その人はそのうちどこかでしっぺ返しがきますから。お金の取り扱いには細心の注意を払いましょう。

4章

お金に親しむ

あなたはお金と相思相愛ですか？

お金持ちという事実を忘れるような お金持ちがカッコイイ

お金のことを語るのに、実際にお金を持っている人のことを脇《わき》に置いておくわけにはいきません。そう思って、いろいろお金持ちの例を出そうかと思って考えたときに、どうも私は、いままでお金に注意が行っていなかったことに気がつきました。

たしかに、私のまわりにはお金持ちの友人がたくさんいますし、友人以外でも、たとえばビジネスで成功して巨万の富を得た人や、王族や貴族といった生まれながらに財産を持っている人や、音楽家・画家・デザイナーなどの才能で財をなした人たちにこれまでたくさん出会ってきました。でも、私はその人がどれだけお金を持っているかということにはまったく興味はなくて、そのお金をその人がどうやって稼いだか、そして、その稼いだお金をどういうふうに使って、どんな生き方をしているのかということにしかいつも興味がなかったのです。

逆に、そういう人のほうが本当の「豊かな人」で「リッチ」なのです。**お金を持**

っているけれど、お金だけが目立つということのない人、お金に注目を集めない人。お金を持っているけれど、人の注意がお金以外のところに行っている人。そういう人がすごいのです。

お金持ちだけど、お金持ちということを忘れさせるくらいのお金持ちというと、ふと思いつくのは、たとえばビル・ゲイツでしょうか。

彼は間違いなく億万長者ですが、しかし彼はただの億万長者ではありません。コンピュータのウィンドウズを開発したマイクロソフト社の社長です。

彼の話をするときには、もう誰も「ビル・ゲイツってお金持ちなんですってね」というようなことは言わないと思います。彼がお金持ちというのはもう前提になっていますから、たいていの人はそれ以外の話題を出すのではないでしょうか。いまさら彼がお金持ちだという事実を確認したい人はあまりいないでしょう。それは聞いてもたいして参考になりませんから。それよりも、もっと気になることはあると思います。「今度はこんなものを開発したらしい」とか、「次はどんな事業に手を出すのかな」とか。

あるいは、ヴァージングループ会長のリチャード・ブランソンなども最高にカッコイイですね。

彼は階級社会のイギリスで、学歴もなくなかばヒッピーのようなライフスタイルを貫きながら、その破天荒な行動力と想像力とで起業家として大成功した人です。CD、飛行機、飲料、映画とさまざまな業界へ打って出ています。航空会社を経営しているのに自分は気球で空を飛んだりする人です。

彼も億万長者ですが、誰も「リチャード・ブランソンってお金持ちだそうだ」とは言わないでしょう。「次は何をするのか」ということのほうが気になります。

このように、お金を持っていて経済力がきちんとあるけれど、そこにはあまり目が行かず、その人の人間的な豊かさとか魅力みたいなものが輝いていて、そこがフィーチャーされる人がいちばんいいと私は思います。

でも、世の中には、お金があるということだけ注目される人や、その人からお金を取ったら何も残らないという人も確かにいるでしょう。そういう**「お金を持っているだけの人」**は悲しいものがあります。

「お金がなくても素敵な人はいます」と言う人もいると思いますが、私が思うに、素敵な人だったらわざわざ「お金がない」ということを言わなくてもいいのではないでしょうか。それは「お金なんて関係ない、そんなことよりこの人は素敵なんだから」と、一見、弁護しているように見えますが、それは実は自分もお金という部分に注意が行っている言い方なのです。自分が本当にその人が素敵だと思っているのなら、ただ単に「素敵な人」でいいのです。「お金はないけど」とか言うほうが変だし、不自然でしょう。

たとえばあなたが誰かライバル視している人がいて、「○○さんには負けたくない」とがんばるとします。でも「負けない」と言っている時点であなたはもう負けている、それと同じことです。意識している時点で勝負あった、です。

私の大阪の友人がよく「東京モンには負けへんで」というようなことを半分冗談で言うのですが、彼はその時点で実はもう負けているのです。だって、実際にどっちがどうかは別として、東京の人で「大阪人には負けない」というようなことを言う人を私は見たことがないからです。

お金があってもなくても、そこに注意が行かない人が素敵ですが、理想としてはやはり、お金はあるけれどそれを忘れさせる人です。

それを目指してがんばりましょう。

お金持ちに学ぶ、お金以外のすごいこと

私は豊かなお金持ちの人からは、お金以外のことを学びたいといつも思っています。お金を持っているだけの人ではない、本当の豊かなお金持ちの人から、**彼らをそこまで連れてきた秘密のかけらを分けてもらう**のです。

私が最近知り合ったある人からも、私はいろいろ学ばせてもらっています。

彼は中野陽一郎といい、私は普段は「陽ちゃん」と呼んでいます。資産コンサルティング会社の社長をしていて、資産家に対しての資産運用のアドバイスや相続対策を主にしているそうですが、ほかにもいろいろな仕事をしているようです。

まだ三〇代ですが、とても頭の切れる人で、抜群のビジネスセンスをもっていま

す。そしてビジネスについてだけではなく、人生を楽しむセンスもピカイチです。

彼はとても不思議な人です。話せば話すほど、付き合えば付き合うほど、「あれ、実はこういうことにも興味あるんだ」「へえ、こんなことも知ってるんだ」ということがどんどん出てきます。

実は1章に出てくる二〇〇億円を失って自殺した投資家の話と、2章の最後に出てくる「青年と悪魔」の話は、陽ちゃんから聞いたものです。

彼と初めて会ったのは、私が自宅で開いたホームコンサートのときでした。

そのときは友人でもあるジェームズ・ゴールウェイを招いて、彼のフルートを友人たちと楽しみました。ジェームズはベルリン・フィルハーモニー管弦楽団の元主席フルート奏者で、二〇〇四年度のアカデミー賞で音響賞を受賞した『ロード・オブ・ザ・リング　王の帰還』のエンディングテーマを演奏しています。

そのホームコンサートのときに、招いた友人の一人が陽ちゃんを連れてきていたのです。

彼は「小さなホテルでおしゃれなのをつくりたいんですよね」と熱心に語ってい

ました。

そのとき、一緒にいた私の友人がふと、

「ホテルもいいけれど、僕は最近、落ち着いた旅館がすごく好きなんです。中野さんがご存じかわかりませんが、すごく素敵な旅館で、『蓬莱《ほうらい》』というところがあるんですよ」

と言いました。すると陽ちゃんがこう言ったのです。

「えっ、『蓬莱』、お好きですか。じゃあ、古谷さんはご存じですか」

友人が「誰？　その人？」と言うと、陽ちゃんは「蓬莱の女将《おかみ》さんですけど」と言うのです。友人はびっくりです。

すると別の友人がこう言いました。

「僕は『二期倶楽部』にあこがれるな。最近テレビでけっこう取り上げられてるけど、予約が難しいみたいなんで、何かコネでもないとなかなか泊まれないみたいなんだよね」

するとまた、陽ちゃんがこう言うのです。

「あ、『二期倶楽部』ですか。さっきお先に失礼させてもらいましたが、今日、僕と一緒に来た人はその二期倶楽部のオーナーの北山さんなんですよ」

そのときの空気をみなさんにお伝えしようとすると、こんな感じでしょうか。

たとえば「私、シャネルが大好きなの」という女性がいたとします。それで、服から靴からアクセサリーから香水からいろいろ持っていて、それを友人に見せびらかしながら「これ、日本で私しか持ってないのよ」とかさんざん自慢したあとで、その友人に「さっき私の横にいた人、気づいてた?」と聞かれました。「ああ、誰かいたわね。先に帰っちゃったけど。あの人がどうかしたの?」「シャネルのデザイナーのカール・ラガーフェルドじゃない。知らないの?」と言われたような感じです。カール・ラガーフェルドを連れてきた人に、シャネルをいっぱい持っているという自慢なんかして、「しまった」という感じです。

といっても、陽ちゃんは別に私たちをばかにしたり、とがめたりしようと思っていろいろ言ったわけではなく、ただ話の流れで知っていることをそのまま言っただけなのです。それがまたおもしろくて不思議です。

そういえば、先日もこんなことがありました。ある美術館のオープニングパーティに招待されたのですが、私はふと、「そうだ、陽ちゃんがこの美術館の感じが好きかもしれないから、誘ったら喜ぶかも」と思いました。それで連絡したら、やっぱり喜んで、ぜひ一緒に、ということになりました。私は陽ちゃんのオフィスを見たときに、なんとなく彼のテイストがわかったので、たぶん彼はその美術館の雰囲気が好きだろうと思ったのです。

そしてパーティへ行くと、作家の桐島洋子さんがいました。すると、私が「あ、桐島洋子さんじゃない」と言うよりも早く、陽ちゃんがずっと彼女に近づいていって、またしても「こんにちは。おとといローランド君と食事したんですよ。今度の連休もローランド君と遊びに行こうってことになってて」というようなことを話しているのです。私があっけにとられていたのは言うまでもありません。

息子さんのローランド君と、いつどこで、どんなふうに知り合ったのでしょう。あとで聞いてみなくては、と思っています。

私も、知人が桐島さんとお友達なので、ちょっと挨拶《あいさつ》に行きました。そんなことが縁で、桐島さんとも親しくなり、先日もわが家に遊びに来られました。

それにしても、陽ちゃんはこんなにたくさんのすごい人を知っているのに、普段はそんなそぶりを見せないところがまたいい感じなのです。**いいお金を持っている人にはいいお金がどんどん集まるのと同じように、いい人にもいい人が集まる**のでしょう。豊かな人は友人関係も豊かということです。

「誰をつかまえるか」で人生が変わる

少々乱暴な言い方ですが、どんな人でも、**収入を上げるには「誰をつかまえるか」がポイント**なのです。

人生は誰と出会うか、誰と仕事をするか、誰とかかわり合うか、です。そこから実は突破口が開けるわけです。

私たちは、望むものを手に入れるためには努力が必要だということは知っていますが、その努力を「人物」というところにフォーカスする人は意外と少ないのです。

しかし、ここが大事な点なのです。**キーパーソンをつかまえるというのは、実は「すべてが豊かな人生への近道」になる**ことだって少なくないのです。

3章で述べたように、ツキのいい人や運のいい人も要チェックですが、とにかく、人との接触なしではお金に関する次のステージへはなかなか行けません。なぜなら、チャンスを持ってきてくれるのはだいたい「人」なのですから。

ですから、人をマークし、「これだ」という人をつかまえるのは重要事項です。人なんてつかまえられないという人、あるいはつかまえるということ自体がよくわからないという人は、とりあえず人に興味をもつことです。そこから何か影響を受けたり情報を手にしたりするわけですから。

人に近づこうと思ったら、まず、「あなたにすごく興味があって、もっと詳しく知りたい」ということをアピールすることです。

「その前に、そんな出会いがない」という人は、どうしたらいいでしょうか。

出会う努力をしない人に出会いはありません。その努力をすることをみなさん、けっこう忘れています。

いま自分がいる環境で、いつもと同じような生活をしていて、突然目の前にすばらしい出会いなんて起きるわけがありません。自分から何か一歩を踏み出さないと。そのためには、どんな人とも話をする癖をつけるのです。

会話をする癖が難しかったら、質問する癖をつけるのです。「何を聞いたらいいんですか」なんて言っている人はもうダメです。何でもいいのです、きっかけの会話なんて。「今日はいいお天気ですね」でもいいのです。

人に関心がないと会話なんてできません。ですから人に興味をもて、と言うのです。人に興味がなくても許される人というのは、人をまるっきり無視しても自分ですべて何とかできる能力や権力や経済力を持っている人だけです。しかし、そういう人はめったにいません。

「人を好きになれ」と言うと、ちょっとウソっぽいというか、無理がある場合があるので、そういう人はまず自分にもっと興味をもってみることから始めましょう。するとと人にも興味がもてるようになります。

「自分は何を求めているのか」とか、「自分が本当にしたいことは何なのか」「これからどういうことをしていくべきか」ということを考えたときに、ぱっと出るのは人のことなのです。

「あ、あの人がいるから、あの人に聞いてみよう」とか「あの人のやり方を真似してみよう」、あるいは「あの人みたいな生き方っていいな」とか、何か自分の道しるべになるような人が思い浮かぶはずなのです。逆に、思い浮かばないのはまだまだ甘いということです。

お金持ちになれる人となれない人は、ここが違う

講演会などで、ときどき「お金持ちになれる人となれない人の差というのは、どこにあるのでしょうか」というようなことを聞かれることがあります。私が思うに、**その差はどこにあるかというと、「お金のことを定期的に思ってあげているかどうか」ということにある**のではないかという気がします。「定期的に」というのがポイントで、頻度としては田舎にいる親を思い出すくらいの感じでしょうか。

私がお金のことを考えるのは主に仕事のときです。自分で講演会を開いたりイベントを開催したりしますすし、盲導犬事業に寄付の協力をするためにオリジナルグッズを作って販売したりしているので、費用や予算といったことについてはよく考えます。

たとえば講演会なら、これだけの規模の会場なら使用料はどのくらいになるかを考えたり、あるいはイベントで招くゲストに支払うギャランティのことを考えたり、招待客へ差し上げる記念品を作るのにはどのくらいかかるかなども考えなければいけません。

私はこれまでにも、自分の誕生日に『キダム』を一日貸し切りにしたり、世界的に有名なフラワーデザイナーのダニエル・オストの花の展示会を三井倶楽部で開催したりしています。そして今度は世界遺産の京都の仁和寺を借り切ってダニエル・オスト展を開くので、いまもそれにかかる費用についてはいろいろと考えなければいけないことがたくさんあります。

「私もお金のことを考えるけど、お金持ちになるどころか、いつも足りない」とか、

「どうすれば少しでも得するかは、いつも考えていますけど」というのは、考えるというよりもお金に振り回されているのです。こういう人は、お金持ちにはなれません。

お金に対しては、こちらが優位に立たないといけないのです。お金との関係ではイニシアチブは自分が握っていないと、すぐに振り回されてしまいます。

そのためには、やはりお金を大切にすることです。友人に対するのと同じように大切にし、大切な使い方をする。

大切な使い方というのは、**「それがあなたにとってベストの使い方ですか」と聞かれたときに、「はい」と言えるかどうかが基準**です。とはいえ、ためしにお小遣い帳でもつけてみると、たぶんたいていの人が「ゲッ」となると思いますが。

ばんばん入ってくる人なら別ですが、限られた予算とかお小遣いで生きる人は、大切に使わないとお金が怒ります。

知り合いの経営コンサルタントの先生がおっしゃっていたのですが、「うちは事業の資金繰りが苦しくて、先生、一度いろいろ相談に乗っていただけませんか」と言うので、「余計なものを買ったり、無駄遣いとかはしてないですか」と聞くと、社長さんたちはみな「いや、必要なものだけにしかお金は使ってないんですけれども、足りないんですよ」と、口をそろえて言うのだそうです。それで見に行くと、家に豪華な花瓶があったり、車庫にＢＭＷの新車があったりするそうです。それで、「これは何ですか、こんなの買っていたらお金もなくなりますよ」と言うと、「いや、これは必要なんです」と言うそうです。

お金はもっと価値のあることに使わないといけません。別に花瓶がいけないとか外国車がいけないとかいうことではなくて、いまそれがどうしても必要なのかをちょっと考えるということです。優先順位ということですね。「いま、どうしてもそれでないとだめなのですか」と聞かれたときに、「それでないとだめだ」と言い切れたらたいしたものだと思いますが、「別にこれじゃなくても、本当は我慢できるけれども」というのなら、とりあえず我慢したほうがいいと思います。

無駄遣いもいけませんが、**バランスの悪い使い方をしている人にはお金は寄りつきません。**典型的なのが、分不相応なブランド品を買いあさることです。

こんなにのべつまくなしに、誰でもかれでもブランド品を買うというのは日本だけだと思います。

欧米の人たちというのは、ブランド品は年をとってから買うものだと思っている人が意外と多いようです。ブランドがもつ伝統や風格が自分に似合うようになってからということなのですが、それを日本では一〇代、二〇代の女の子までが持って歩いているのは、見ていてとてもバランスが悪いので、なんだかこちらの居心地も悪くなってきます。

それがたとえば家が本当に裕福で、そのバッグもお母さんから受け継いだとか、代々伝わるものとかならその人のスタンダードですからいいと思うのですが、エルメスのバッグを持って四畳半一間のアパートなどに帰っている人は、やめたほうがいいのではないかと思います。

一点豪華主義とよく言いますが、一個だけ浮いたものを持つとバランスが悪いのです。それで人が勘違いして、裏目に出ることがいっぱい出てくるのですから。

その一個の物の値段で全体のバランスが整うように予算を組む女性は利口だと思

います。二〇万円のバッグをひとつ持つんだったら、二〇万円で全体のバランスが合うように上から下までそろえたほうが、見ていてカッコイイと思うのです。

バランスが悪いものというのは、お金もいやがります。お金のほうも困惑しているわけです。「そんなものに使わないでください。あなたにはあなたらしいお金の使い方がもっとあるはずですよ」という声を、もう少しちゃんと聞いてあげてください。

人が喜ぶとお金も喜ぶ

お金にはいろいろな性格があります。

私がいつも言うのは、お金は寂しがりやでプライドが高いということ。だから、仲間がたくさんいるところへ集まりやすいし、きちんと扱われないとすぐに出て行きます。お金のことを「おあし」と言ったりするくらいですから、足がついていて歩いて行ってしまうのです。そして仲間に出会った先々で「あそこには行かないほうがいいよ」と伝えるので、お金に失礼なことをすると、だんだんお金が寄りつかなくなります。ですから逆に、大切にていねいに扱ってあげると、「あそこはかわいがってくれるよ」ということで、どんどん集まってくるのです。

でも、お金はため込まれるのは好きではありません。有効に使ってもらえるのが好きなので、**ずっと止めておかれると腐る**のです。もちろん、本当に腐るわけではありませんが、お金の魂が腐るので、持っていても仲間を呼んではくれません。

お金を好きな人はたくさんいるのに、お金に好かれる人というのがあまりいないのは、このへんのことを理解しないせいだと思います。

いつも自分のことを最優先に考えているタイプの人には、お金は転がってきません。人を喜ばせたり、人を先に考えている人に、お金は流れるのです。

もしもお金が審査員で、「私はどちらのお財布に行くべきだろうか」ということを判断するとしたら、いつも自分のことだけを考えている人よりは、いつも人のために何か動こうとしている人のほうに心は向かうのです。

というのは、人のためにお金を使うほうがドラマが生まれやすいし、話が次に展開する可能性があるからです。お金だって、ドラマのあるほうが好きなのです。

人が喜ぶとお金も喜ぶということですね。

それから、**お金はうれしい記憶が好き**なのです。いいことが繰り返されるのが好きなのです。ですから、「縁起がいい」とされることも、お金は好みます。日本なら、昔からお金が「返る」にかけて、お財布にカエルの根付けをつけたり、「ご縁がありますように」と、五円玉を一枚お財布の中に入れておくなどしていました。最近では、「風水ではお金は黄色」ということで、黄色いお財布にしたりする人もいます。鎌倉の銭洗弁天で清めてきたお札をお財布に入れているという人もいるでしょう。

そういえば、「縁起をかつぐ」で思い出したことがあります。エルメスと言われれば、トレードマークとも言えるあのオレンジ色をぱっと思い浮かべる人は多いと思います。どうしてエルメスはあの色をラッピングペーパーやギフトボックスに使うようになったか、ご存じでしたでしょうか。

それは、創業当時までさかのぼる話です。いま聞くと信じられない話ですが、お店を開いた当初はちっとも商品が売れなくて、困っていたそうです。どうしようかと思っていたら、ようやく初めてのお客様が来て、商品を買ってくれました。ところが、包装紙が小さすぎて商品をうまく包めなかったのだそうです。そこで、あわてて近所の紙屋さんへ行ったところ、ちょうどいいサイズの紙はたまたま一種類だけで、それがオレンジ色の紙だったのです。

初めて買っていただいたお客様の商品を包んだ紙の色をずっと使うことで、そのときのうれしい気持ちを忘れないようにしようということで、エルメスはオレンジをトレードマークカラーにしたのです。それが受け継がれているから、売るほうも買うほうもうれしい気持ちになるのでしょう。それに、お金も。

一円の仕返し

儲《もう》かっている人ほど、小銭を大事にします。

これは知人から聞いた話ですが、お金持ちのある社長さんは、一円玉をとてもていねいに扱うのだそうです。

あるとき、その社長さんと歩いていたら、社長さんがふと立ち止まってしゃがんでいる。「どうしたんですか」と聞くと、「ちょっと待て、大変なんだ。一円玉が落ちていたんだよ」と言って拾って、大事そうにお財布へ入れたのだそうです。その社長さんのお財布にはいつも現金で一〇〇万円くらい入っているような人なのに、です。しかも、ただ拾うだけではないのだそうです。何かぶつぶつ言っているなと思ったら、「いま、仲間のところに連れていってやるからな」というようなことを言うそうなのです。この心がけがすばらしいですね。

「えっ、一円玉なんて落ちてても拾わないよ。もっと大きな額ならともかく」

なんてことを言っている人は、たったいまからその考えを改めたほうがいいと思います。一円だからこそ拾うのです。

私も道に落ちている小銭は拾います。拾わないと罰が当たります。**お金があるのを知っていて拾わなかったら、お金に恨まれてしまいます。**「あなたは私を無視したでしょう。私が一円だから拾わないんですね。私が一万円だったら拾うのに」などと言われたら怖いではないですか。

たしかに一万円札だったらみんな拾うかもしれませんし、一円玉は拾わない人が多いかもしれません。「あの人、一円玉なんか拾ってる」と思われたらいやだ、という人はけっこういます。だからそこで一円玉の意地が出たりするのです。そして、拾わなかった人には何かのときにしっぺ返しがあるのです。一円足りなかったために一万円札をくずす羽目になるかもしれませんし、一円足りないために何か不都合が起こるかもしれません。そういうときは、「ほら、私をばかにしたからです」と、一円が言っているのかもしれません。

一億円から一円を引いたら、もう一億円とは言いませんよね。ですから一円は大事なのです。それに、お金というのはもともと一円の積み重ねです。一円がベースなのですから、ベースを大事にするのは当然のことです。

だから、人が見ていようがいまいが、拾って財布に入れたほうがいいと思います。

人も差別したり態度を変えたりしてはいけないように、お金だって金額で差別してはいけないのです。

お金にはこだわったほうがいいときと、こだわってはいけないときがある

お金は、あまりお金お金と言っていると、逃げてしまいます。しつこいのは嫌われるのです。

というのは、お金お金と考えているときというのは、お金以外のものが浮かんでこないから、意味がない時間を過ごしているわけですよね。お金がないという現状以外のものには発展しませんから。ふえもしませんし。

お金が欲しいとか、お金がないとか、お金がお金がと言っているときは、アイデアも展開も何もありません。**お金のことだけを考えている時間は生産性のない時間**ですから、お金以外のものを考えないといけません。なぜなら、**お金というものは実はお金以外のものから生まれる**のですから。

たとえば、「歌わないとお金が稼げない」と言っている歌手は、もうそこでだめです。あまり儲からないと思います。お金が欲しくて歌う歌に、実はお金はあまり

集まらないのです。

お金が欲しくて絵を描いた画家の絵も、実はあまり売れない絵だと思います。たとえばゴッホも貧しい時代はありましたが、だからといってお金が欲しいという思いが一番にきて絵を描いていたわけではないでしょう。まず自分の感動があり、それを絵にし、「これを誰かが感動して気に入ってくれたらお金になる」ということで、感動がお金になっているわけです。ということは、その感動する、させる内容のものを、もっと磨くことに専念したほうが、自然にお金が入るのです。

ですから、稼ぎたいために何かをするという発想の人は、やり方によってはお金はある程度はたまるかもしれませんが、限界があったり、大事なものを失ったりということがあると思うのです。

お金とは、結果的に起きた現象なのです。ということは、原因をつくらないとだめということです。

何かがあったことによって、お金が生まれたわけですから、その何かがあったというところを考えないといけません。

お金お金と言っているうちはだめです。何かがあったからお金が誕生したので、その「何か」にフォーカスするべきなのです。

お金への「こだわり」と「執着心」との違いを知る

お金に敬意を払うひとつとして、単位にこだわるということがあります。

私のビジネスで、あるとき私の口座に九五〇万円の振り込みが入るということがありました。九五〇万円というと、けっこうな金額です。これはこれでもちろんうれしいのですが、ここでちょっとこだわることも大切なのです。

私が取引先に言ったことはこうでした。

「五〇万円お渡ししますから、それを足して、一〇〇〇万円にして振り込んでいただけないですか」

これはけっこう大事なことです。一〇〇〇万円という響きとオーラに敬意を払うのです。

「最終的にもらえるのは九五〇万円だから変わらないでしょう」と言っている人は、お金がたまらない人です。このこだわりが大切なのです。

お金に好かれようと思ったら、あなたもお金に対して、敬意を払わないといけません。

それに、私はこの一〇〇〇万円は、私と一緒にビジネスをするほかの人に与えるモチベーションとして使いたかったのです。「がんばればこういう収入が入ってきますよ」というところを見せたかったのです。だから五〇万円足してでも、一〇〇〇万円にして振り込んでもらいたかったわけなのです。こういう目標に使われると、お金も喜びます。

それに、たとえばテニスやゴルフの大会で「優勝賞金一〇〇〇万円」と「優勝賞金九五〇万円」と、どっちが盛り上がると思いますか？　五〇万円の違いですが、この差は大きいでしょう。私が選手で優勝したら、「五〇万円自分で足しますから、賞金は一〇〇〇万円にしてください」と大会側に言うと思います。

お金にこういうこだわりをもっている人のほうが、漫然と「あ、九五〇万円ももらった」とかいうよりは、お金に対する感動が違うのです。その感動と敬意がまたお金を連れてくるのです。

ところで、この九五〇万円の話はここで終わりではないのです。ひとつ、おもしろいというか不思議な話があります。そのボーナスをもらう少し前に、私はベンツを買ったのです。それが九五〇万円でした。そのあと私は出張で地方へ行っていたのですが、私を羽田空港に迎えに来た運転手がなんとそのベンツで事故を起こしたのです。どうも、ブレーキとアクセルを間違えたらしいのですが、ガラスにいきなり突っ込んでいったそうなのです。

私が到着ゲートから出てきたら、何か黒山の人だかりでした。私もミーハーなのでつい見に行ったら、車がガラスに突っ込んで大破していて、パトカーも来ていました。私はそれはてっきり『西部警察』か何かのロケだと思ったのです。本当に、マンガとか映画のような有様だったのです。それがまさか自分の運転手がそんなことになっていたとは夢にも思いませんでした。そうしたら秘書の携帯電話に連絡が入って、「うっそー!」です。

まあ幸い運転手に大きなケガはなかったし、壊れた車も保険でカバーできるという話だったし、運転していたのが私でなくても誰でもOKという保険だったので「ま、いっか」でした。

その保険は「運転手が満二五歳以上でなければならない」という条件がついていたのですが、そんなものは契約のときに気にもしていませんでした。私はとっくの昔に二五歳を過ぎていましたし、まわりのスタッフも二五歳を過ぎていた人ばかりだったのですから。

ところが、どういうわけかその日たまたま運転して私を迎えに来てくれていたスタッフが、二五歳になっていなかったのです。

「よりによって、どうして」です。保険会社から電話がきて、「こういうわけで、運転していた人が二五歳未満なので保険は下りません」と言われたときは、ただもうびっくりです。それで、そのスタッフに誕生日を聞いたら、なんと、あと一か月で彼は二五歳だったのです。

それで九五〇万円の新車がパーだと思っていたら、ボーナスが九五〇万円入るということになったのです。そのおかげで車はまた買えたし、こんなびっくりするような経験もできたし、よかったと思っています。

普通の人なら「本当なら保険が下りて車がまた買えて、そのほかに九五〇万円入るはずが！」と言うかもしれませんが、それがだめなのです。勝手に「手に入るはずだった」と思い込んで、それで手に入らなかったものに意識が行っても何にもなりません。**ないものに執着しても無駄**なのです。

それにそういう心がけの人は、ボーナスで九五〇万円も入ってこないと思いますから、「ああ、よかった」とは思えないでしょう。

お金にこだわるのと、執着するのとは違うのです。執着してはいけません。

そういえば、戦国武将の気質を表すホトトギスのたとえがあります。鳴かないホトトギスを目の前にして、彼らがそれぞれどういう態度をとるかの対比がおもしろいのですが、織田信長が「鳴かぬなら殺してしまえホトトギス」で、豊臣秀吉が「鳴かぬなら鳴かせてみせようホトトギス」。そして徳川家康が「鳴かぬなら鳴くまで待とうホトトギス」です。

あるとき、雑誌の取材でこの話が出て、「中島さんはどのタイプですか」と聞かれて、「私はどれでもありません」と言いました。本当に、どれも私にはぴんとこないものだったので、私はオリジナルを作ってしまったのです。

ちなみに、松下幸之助さんも「どれも違う、私はこうです」と言ったそうです。松下さんは何と言ったかというと、「鳴かぬならそれもまたよしホトトギス」と言ったそうです。私はというと、「鳴かぬなら鳴くやつ探せホトトギス」でした。

だいたい、ホトトギスが鳴かないくらいで頭に血が上って殺してしまうのもどうかと思いますし、無理やり鳴かせなくてもいいのではないかと思いますし、鳴くまで待つのもまた面倒です。何も**ホトトギスはこの世に一羽しかいないわけではないのですから、鳴かないのはほうっておいて、鳴くのをつかまえてきて鳴いてもらえばいい**のです。

この執着のなさが、お金に好かれるコツなのです。

お金の神様に好かれる方法

お金の神様がいるとしたら、どんな神様だと思いますか？

お金の神様は、当然ですがお金と似た性格をしています。お金を有意義に使ってくれる人にはどんどん応援をしてくれますが、ためるばかりで使わない人や、自分のことだけに使う人には味方をしてくれません。人のためにお金を使う人が好きなのです。

でも、ここが大事なのですが、自分に使う余裕しかないのに無理して人に使ってもいけないのです。自分のために使って、人にも使えるくらいが理想です。

すごくストレートな言葉ですが、**「貧乏人は貧乏人を救えない」**と私はいつも言っています。余裕のない人は気持ちだけでいいのです。持っている人が出せばいいのです。

でも、「貧乏な人は人のためにお金を使えないから、いつまでたってもお金の神様に味方してもらえない」、つまり「貧乏なまま」……ということではありません。

お金の足りない人はまず「足りない」と認めるところから始まります。余裕がないのにある振りをしてお金を使うのは、お金の神様は嫌います。見栄を張っているからです。そんなことをしていると矛盾が生じて、歯車がかみ合わなくなってくるのです。

いま貧乏な人は、とにかく**人にお金を使える余裕ができるまでは免除期間**だと思っていていいのです。それに、お金を使えなければ、そのぶん時間を使ってあげるとか、情報をあげるとかすればいいのです。お金だけが人の役に立つわけではありませんから。

たとえば、「この本すごくいいと思うんだけど、あなたも読んでみれば」と貸してあげるのも、その人の役に立っているわけですし、「探してたシャツ、渋谷の○○にあったよ」などと教えてあげるのでもいいのです。それだって役に立っていることです。

人の役に立つということが、いつもお金を使うことだというふうに決めつける必要はありません。お金でできるものを探すのではなくて、自分ができるものを探せばいいのです。

お金を使うときにはいつも感謝をするのも、お金の神様に気に入っていただく方法のひとつです。

「人の役に立つ使い方ができる収入があってよかった」と。

私は自分のショップの売り上げから盲導犬協会に何百万円も寄付していますが、みんなが同じ方法をとる必要はもちろんありません。たとえばコンビニに行ったときにお釣りの小銭をレジのところの募金箱に入れるのもいいし、テレビでよくやっているような、「この番号に電話すると自動的に一〇円とか三〇円とかがチャリティに寄付される」というのに参加するのも簡単でいいのではないでしょうか。

私の知人で「フォスタープラン」というのに参加している人もいます。

これは海外の恵まれない子供のフォスターペアレントというのになって、その子がある程度自立できる、あるいは最悪の状況を脱したというところまで、養育費や教育費、医療費などの一部を負担するプランです。月五〇〇〇円だそうですが、チャイルドから協会を通じて手紙や写真が来たりするとうれしいと、その人は言っていました。

お金の使い方としてはなかなかいいと思います。月五〇〇〇円ならそれほど無理な額でもないですし、チャイルドがちゃんと学校へ行ったりしている様子を報告してもらうことで、そのお金が実際に役に立っていることを実感できます。

信じられないかもしれませんが、**人のためにお金を使うと、お金はふえる**のです。

人のためにお金を使うと、その人がものすごくばかだったり傲慢《ごうまん》だったり恩知らずな人でないかぎり、「あ、私のためにお金を使ってくれたんだ」と思って、感謝します。「どうもありがとう」と。

もちろん、それは善意から使われたお金でなければいけないことは言うまでもありません。感謝されるのをはじめから期待したり、あるいは男性が下心があって女性に物を買ってあげたりご馳走《ちそう》してあげたりするのも、「人のために使う」には入りません。

純粋に、利害関係なしに誰かのためにお金を使うと、使われた人は今度はその使った人に何かあったときには役に立とう、協力しようと思います。味方になってくれるのです。味方になってくれる人がふえるということは、大きな武器ができるということです。それはお金ではけっして買えないような財産が手に入るということなのです。

打算的なのは絶対にだめです。「この人にこういうふうにしてあげたら、こういう見返りがあるだろう」とか、「こうしてもらいたいから、いまこの人にはこうしておこう」という、心が電卓になったお金の使い方では、お金の神様は反応しません。**お金は「勘定」ではなく、「感情」で使う**のです。

お金を使う、という言い方がストレートすぎるなら、「その人が喜ぶ何かをしてあげる」というふうに考えればいいと思います。

こういうことをどんどんやっていると、いつの間にかお金がたまるのです。味方や仲間もふえます。

そうやって、より深い人間関係を構築することができる人は、お金の神様ともいい関係が結べるのです。

お金以上の喜びを人に与えよう

人のためにお金を使うとお金がふえますが、使った金額とその人の喜びが比例するかというと、微妙なものがあります。大切なのは、そこにあなたの「この人に喜んでほしい」「この人の役に立ちたい」という気持ちがどのくらいこめられているかということです。ここを間違うと、せっかく善意でたくさんお金を使っても、その金額以下の感動しか相手にはあげられません。そして、使うお金に本当に気持ちがこもっていれば、その逆ももちろん起こります。そんなときは、相手以上に、こちらがうれしいものです。

私も最近、こんなことがありました。

世界的なピアニストであるスタニスラフ・ブーニンとは、彼が日本に来たら必ず連絡をとり合う仲ですが、先日もコンサートのために来日したブーニンから「ぜひ会場へ」と招待状をいただいたのです。私もその日はちょうどスケジュールがあいていたので、「喜んで行きます」と返事をしました。

お土産は何がいいかといろいろ考えて、「これなら絶対に彼が喜ぶ」というものを思いつきました。それはシャンパンクーラーでした。彼はシャンパンが大好きなのですが、シャンパンクーラーはたしか持っていなかった気がしたので、バカラの素敵なシャンパンクーラーを買って持っていきました。

終わったら楽屋へ挨拶に行こうと思っていたら、ブーニンの奥さんの栄子さんから連絡が入りました。ブーニンは私に開演前に来てほしいそうなのです。

私はすごく不思議でした。というのは、クラシックの奏者が開演前に楽屋に人を入れるというのは、あまりないことだからです。

演奏前というのは大事な時間です。リラックスしながらも集中力を高めて、ベストのパフォーマンスができるように自分を調整しなければいけないからです。それなのに私に開演前に来てくれというのはいったいどういうわけなんだろうと、栄子さんに聞いてみました。すると彼女は、「彼はいま、ちょっと手が微妙に痛くてナーバスになっているんです。でも薫さんが来てくださったらきっと元気になるので、喜ぶと思います」と言うのです。それで私は遠慮なく楽屋へ行って、いろいろ話をして楽しく過ごしました。そうこうしているうちに開演時間近くになったので、私はそのまま客席に戻り、ど真ん中のいい席で彼の演奏を楽しみました。

開演前に楽屋に行ったので、終わってからは顔を出さずに帰りますと米子さんに伝えてあったので、私は終了後にそのまま帰りました。そうしたら、そのあとでブーニンからお礼の手紙が届きました。

中を開けてみると、まず最初に、「素敵なシャンパンクーラーを本当にありがとうございました」と書いてありました。「あ、よかった、気に入ってくれたんだ」とほっとしていたら、次の行からはもう別のことが書いてありました。

「私が本当にうれしかったのは、薫さんが私のところへ来てエネルギーをくださって、それでなんだかとても幸せな気持ちにさせていただいたことです。おかげさまで、私はよい気持ちで演奏ができました」

というようなことが残りの便箋《びんせん》にびっしり書いてあるのです。シャンパンクーラーを気に入ってくれた以上に、私の楽屋訪問を喜んでくれたということが、私にはとてもうれしかったのです。

「すべてが豊かな人生」を共有できる喜び

お金と本当に相思相愛になれたら、お金が入ってくるだけではなく、すべてが豊かな人生が手に入ります。そして、それを**ほかの人におすそ分けしたり、同じように豊かな友人たちと共有できる喜び**も手に入るのです。

私は、誰かすばらしい人と出会ったり、何かとてつもなく感動するような出来事を経験したら、すぐに友人や知人にその話をし、その感動を共有するようにしています。また、それをまわりの人たちも待っていてくれるので、私の好奇心の電池はいつもフル充電ですし、アンテナもいつもピーンと張っています。そして、私が経験したいろいろな出来事を聞いたときの友人たちの驚いたり笑ったりする様子が、また楽しいのです。

私が彼らに話して聞かせた話の中で、びっくりされたベスト3のひとつに、私がハプスブルク家の人と食事をしたというのがあります。

これはいまから八年ほど前の話です。

　そのとき私は仕事でオーストリアにいて、知人の紹介でそのハプスブルク家の末《まっ》裔《えい》の方々と一緒に、ウィーンのお城で食事をすることになったのです。そのときはロシアの若手のバイオリニストや有名なオペラ歌手なども呼ばれていて、彼らの演奏や歌を聴くこともできました。

　いま思うと、私はそれがきっかけでクラシックにとても興味がわいたのだと思います。そして、そのときに「私も、自分の家にこういう人たちを招いて、演奏会をやったりしたい」と思ったのです。

　そして、時が流れて、いま私は自分の家に友人の演奏家を招いて、ホームコンサートを開けるようになりました。それはベルリン・フィルハーモニー管弦楽団やミラノ・スカラ座フィルハーモニー管弦楽団の主席メンバーだったり、ショパンコンクールで優勝したスタニスラフ・ブーニンやユンディ・リだったり、いろいろです。たくさんの友人たちと、すばらしい音楽と演奏を堪能《たんのう》し、感動し、そしておいしい食事をしながら笑い合うのです。

　こんなとき私は、**自分が豊かでよかった**と思うのです。

自分が豊かだと、人を喜ばせたり感動させたりできる側に回れるからです。自分もこれまではたくさんの人に助けられ、協力してもらい、幸福をおすそ分けしてもらう側でしたから、今度は自分がお返しをできるようになったのが、本当にうれしいのです。

そういえば、去年の夏にショパン協会会長のカニッツァー氏と会ってお茶を飲んでいるときに、私が開いているホームコンサートの話をしたら、彼もとても驚いていました。ショパンコンクール優勝者のブーニンやユンディを友人として家に呼んで演奏してもらうなんて、常識では考えられないことなのだそうです。

たしかにそうかもしれません。でも、私はこの「常識では考えられない」ということが、大好きなのです。

自分の誕生日のイベントだけでも、これまでに『キダム』を貸し切りにしたり、アメリカのユニヴァーサル・スタジオを貸し切りにして、友人たちと盛大に祝っています。

今年にいたっては、友人でもある国民的歌手の五木ひろしさんのディナーショーを企画し、そこで「中島薫の選んだ五木ひろしベスト10」を歌ってもらったりしました。

あとで聞いたのですが、五木さんは今年で歌手生活四〇周年を迎えますが、一個人のために歌ったのはこれが初めてだったそうです。ということは、私は最高に光栄だったということです。

このディナーショーは、来てくれた友人たちはもちろんものすごく喜んで盛り上がっていましたが、五木さんの大ファンである私の母親と二人の姉がもう狂喜乱舞でした。サインをもらったり一緒に写真を撮ったり、果てはデュエットまでしていました。こんなところでいい親孝行と姉孝行ができて、本当によかったと思います。

私は、豊かになってまわりの人を幸せにできるようになれた幸せと感動をかみしめていました。

来年はラスベガスでライオネル・リッチーをゲストに迎えてのディナーショーも計画していますが、またたくさんの友人たちと感動を共有できるかと思うと、今からワクワクしています。

これは経験した人でないとわからないのです。ですから私は、みなさんにもぜひ本当に豊かになってもらい、**出会った人を豊かにしてあげられるという幸福と感動**を経験してもらいたいと思います。

お金に左右されない人間性を養う

さて、お金についていろいろお話ししてきましたが、最後にひとつ、大事なことをお伝えしておきたいと思います。

それは、**お金は自分が使うものであって、使われるものではない**ということを、いつも頭の中のどこかに入れておくということです。

これを忘れると、お金があるときは気が大きくなって散財したり不必要に態度が大きくなったりしますし、逆にお金がないときには、なんだかせせこましくなったり卑屈になったり、おどおどした態度になったりします。

たとえばタクシーに乗ったとします。乗ったあとでお財布がないのに気がついたら、あなたはどうしますか？　どんな気持ちになりますか？

　家に戻ろうと思いますか？　もう時間がないから行った先で借りて払おうと思いますか？　お財布を忘れたことをすぐに運転手さんに言うでしょうか、それとも、目的地に着いたときに言うでしょうか？　途中で言ったら無賃乗車だと疑われるかもしれないと思いますか？　それで途中で降ろされたら困る、などと思いますか？

　わかった時点で運転手さんにそう言って、「着いた先で払いますからご心配なく」と堂々と言えたらかなりの高得点です。

　本当に無賃乗車をするつもりで乗ったわけではないのですから、あくまでも堂々としているのがいいのです。家に戻ればお財布があって、その中にはタクシー代が十分払えるくらい入っているのですから。そうしたら、いま手元にちょっと現金がないくらいでおどおどするのは間違いです。

　普段、自分の生き方に対するプライドを持っていれば、お金がその場になかったとしても、そのことによる動揺は少ないのです。お金がなかったことで乱れることはないのです。

「今日はお金を持っているから堂々とできる」とか「今日はお金がないからちょっと心細い」とかいうのでは、まだまだです。**お金に左右されてはいけません。**

お金ではありませんが、情報を持っている人も乱れることは少ないです。

たとえば、飛行機。空港のカウンターでチェックインしようとして、航空券を自分の家の机の上に忘れてきたとしたら、あなたはどうするでしょうか。

困ったりパニックになったりする人がほとんどなのではないでしょうか。

「ああ、家に戻ってる時間がない」「チケットが無駄になる」「もう一度買わなくちゃいけないからお金がまたかかる」など、大変だと思います。

でも、情報を知っている人はそんなにあわてません。「あ、しまった、やっちゃった」とは思いますが、すぐに次の行動に移れるのです。

それは、カウンターの係の人に事情を説明すればいいのです。航空券の種類にもよりますが、ノーマルチケットなら紛失届を書いて、あとでそれを家に忘れたそのチケットと一緒に持っていけば払い戻してもらえるのです。だからいまはとりあえず新しいチケットを買って、さっさと乗ればいいのです。

これを知らないと、ショックが大きいわけです。それに、いろいろ人のせいにしたりもするかもしれません。「妻がチェックしてくれなかった」とか、余計な方向に行くでしょう。だけど、情報を知っている人は、「すみません。ちょっといったんカードで新しいのを買いますから、紛失届を一枚書いてください」と言って、あとでそれとチケットをカウンターに持っていって、払い戻してもらえるのです。

情報を持っていると、ある意味ではお金に関して乱れたりはしないということです。情報がお金のかわりになるというか、お金がなくても情報があると堂々としていられます。ということは、お金のない人は、せめて情報だけでも持たないとだめですし、逆にお金がなくても情報を手にすることでお金になることもあるということです。

とにかく、お金が入った、あるいはお金がないぐらいでころころ変わるような人間性ではだめだということです。変わらない自分をつくらなければいけません。

そして**お金と健康な関係を築いていく**ことが大切なのです。

おわりに

この本を書いているあいだに、アテネオリンピックがありました。

スポーツ好きの私は、ついついテレビに釘《くぎ》づけになってしまい、みなさん同様、寝不足の日々が続きました。今回は日本選手の成績がすごくよかったので、応援のしがいもあったのではないでしょうか。

体操の男子チームも金メダルを取りましたが、その中の鹿島丈博選手とは以前に知人たちをまじえて一緒に食事をしたことがあり、知り合いだったので、ほかの種目よりも感動が大きかったのです。彼は個人の種目別でもあん馬で銅メダルを取りました。本当によかったと思います。

私は、彼が日本を出発する前に、「試合の前に必ず読んでほしい」と「五つのメッセージ」というものを書いて渡しました。そうしたら、なんとチームのほかの選手たちも、私が彼に贈ったそのメッセージをノートに写し、アテネの自分たちの部屋の壁に貼《は》り、毎日それを読んでいたそうなのです。そして本番の日には、それをお守りのようにそれぞれのバッグの中に入れて競技場へ行ったということを、あとで知りました。

私の書いたメッセージが、少しでも選手のみなさんのメンタル面の役に立てたなら、本当によかったと思いました。

この話を知人や友人にしたら、話を聞いた人ほぼ全員から「その五つのメッセージの内容が知りたい！」と言われたのであとで披露したのですが、ここで読者のみなさんにもお教えします。

それは、次のような内容でした。「演技をする前に精神統一がうまくいくように」という思いをこめて書いたものです。

1. 金メダルのことは忘れること
2. 世界中から体操を見に来てくださっている観客に感謝すること
3. 美しい体操をしている姿をイメージすること
4. 器具に向かって「ありがとう」と言うこと（慣れない器具を味方につけるため）
5. 自分を育ててくれた両親、コーチに感謝すること

以上の五つのメッセージを贈りました。これらのメッセージが少しでも金メダルの役に立ったのならうれしいです。

しかし、このメッセージの効果というのは実は一〇〇％の中の一％ぐらいで、やはりなんと言っても選手自身の持っている才能や努力、そして指導されたコーチの努力、関係者の方々の努力、そして一生懸命応援してくれた観客や日本でテレビの前で応援してくれた方々の力が九九％を占めると思います。

さて、こうやってあらためてこの五つのメッセージを眺めて、私はふと、あることに気がつきました。それは、金メダルをお金と置き換えて考えてみると、こちらもまたぴったりくるということです。

つまり、このメッセージは「お金を手にするための五つのメッセージ」として、次のように言い換えられるということです。

1. お金のことは忘れること
2. あなたの仕事や商品に対してお金を払ってくれるお客様に感謝すること
3. 正しい仕事で一生懸命働いている自分の姿をイメージすること
4. 自分が仕事で使っている道具（パソコン、電話、携帯電話、スケジュール帳、FAX、名刺、文房具、財布など）に向かって「ありがとう」と言うこと
5. 自分を育ててくれた両親、職場でお世話になっている上司や同僚に感謝すること

どうでしょうか。金メダルも、「どうしても金を取るんだ」と、そのことだけを考えて一人でしゃかりきになってがんばってもそれだけでは難しいように、お金を得るということも、一人であれこれやっていても難しいのではないでしょうか。

水泳の北島康介選手が、今回のアテネオリンピックで個人でふたつの金メダルを取ったのも、北島選手の素質や才能の陰に「チーム北島」と言われるコーチやトレーナー、映像分析担当に戦略分析担当などの大勢のスタッフ、後援会の方々やファンの方々すべての応援があったからこそと言われています。

それから、マラソンで優勝した野口みずき選手が、ゴール後にはいていたシューズにキスをして話題になりましたが、インタビューでそのことを聞かれた野口選手は、「あんなに難しいコースを一緒に走ってくれてありがとう、という気持ちをこめてキスしました」と語っていました。

野口選手の活躍を支えたものとして、そのシューズと、そしてドリンクボトルがあります。

シューズは野口選手用に開発された特殊なもので、とても軽くできているそうです。それから、野口選手が走っている途中で水分補給をするために手にするボトルは象印が開発したものだそうですが、こちらもすごい。飲んで水分やエネルギーを補給するドリンクが入っている部分と、体にかけて水分を取ったり冷却効果を狙《ねら》う水が入っている部分とがあり、それは野口選手が手にするであろうと思われる時間にちょうどいい温度になっているように計算されたものなのだそうです。

彼女はこれらの用具を開発してくれたたくさんの方々と、応援してくれた方々に本当に感謝していると言い、「みんなで勝ち取った金です」と言っていました。

そしてお金も実は、たった一人で稼ごうとするよりもまわりの友人や知人と協力し合ったほうが、お互いに幸せな気持ちで手にすることができるものです。

それに、お金に限らず、仕事の成功でも何でも、一見、自分の力だけで達成したように見えることも、実はすべては誰かの協力なしにはなしえなかったことなのです。それに気がついて謙虚な気持ちで「ありがとう」と言える人にだけ、求めていたものがもたらされるのです。

私が昔から社員や友人たちに言ったり、講演で話したりしていることに、「一人で見る夢はただの夢だけど、みんなで見る夢はかなえる夢です」というのがありますが、この夏はこの言葉を何度も思い出しました。

金メダルは、一見、人間同士の競い合いのようですが、私はちょっと違うふうに考えています。

それは、自分がこれまで、どれほどその競技と自分自身とに真剣に向き合って切磋《せっさ》琢磨《たくま》を続けてきたかということを、本番の大舞台でオリンピックの神様にどれだけ受け入れてもらえたかという結果だと言えるのではないかと私は思います。

お金を得るということも同じで、自分が自分の仕事に対してどれほど真摯《しんし》な気持ちで取り組み、その仕事や商品に対して対価を支払ってくれるお客様をいかに喜ばせ満足させたかということが、お金の神様にどれだけ伝わったかという結果であると思います。

金メダルはひとつの競技につき一人もしくは一チームしかもらえませんが、「自分が目指す収入」という金メダルは、それぞれに用意されているのです。あなたのために。ならば、それを取りに行かない理由は何もありません。

この本を読まれたあなたが、お金の本質を理解し、その哲学を学びとり、人生の表彰台のいちばん高いところに上がっていただけたなら、私はとても幸せです。

二〇〇四年一〇月

著　者

単行本　二〇〇四年十一月　サンマーク出版刊。
本文中の肩書き、データなどは、刊行当時のものです。

サンマーク文庫

お金の哲学

2007年 9 月25日　初版発行
2022年10月25日 第13刷 発行

著者　中島 薫
発行人　植木宣隆
発行所　株式会社サンマーク出版
東京都新宿区高田馬場2-16-11
電話 03 5272-3166

フォーマットデザイン　重原 隆
本文DTP　山中 央
印刷　共同印刷株式会社
製本　株式会社若林製本工場

落丁・乱丁本はお取り替えいたします。
定価はカバーに表示してあります。

ISBN978-4-7631-8445-0 C0130

ホームページ　https://www.sunmark.co.jp

サンマーク文庫 好評既刊

きっと、よくなる！② 本田 健

400万人の読者に支持された著者が、メインテーマである「お金と仕事」について語りつくした決定版が登場！ 600円

3つの真実 野口嘉則

ミリオンセラー『鏡の法則』の著者が贈る、人生を変える〝愛と幸せと豊かさの秘密〟。 600円

夢をかなえる「そうじ力」 舛田光洋

仕事・お金・恋愛・家庭・健康…。ぞうきん1枚で大逆転。そうじには人生を変える「力」がある。 543円

夢をかなえる勉強法 伊藤 真

司法試験界の「カリスマ塾長」が編み出した、生涯役立つ、本物の学習法。勉強の効率がぐんぐん上がるコツが満載。 571円

夢をかなえる時間術 伊藤 真

司法試験界の「カリスマ塾長」が実践してきた、「理想の未来」を引き寄せる方法。ベストセラー待望の第2弾！ 571円

※価格はいずれも本体価格です。